编委会

主　编　任羽中

副主编　罗　玲　郭俊玲　王颜欣

摄　影　吕　宸

编　委　（按姓氏拼音排序）

朝冉冉　陈雪霁　戴璐瑶

黄昭华　顾思程　郭雅颂

刘文欣　隋雪纯　唐儒雅

吴纪阳　赵梦秋　张　疆

钟润文

第一等好事

北大学者书房

北京大学党委宣传部 编
任羽中 主编
罗玲 郭俊玲 王颜欣 副主编
吕宸 摄影

北京大学出版社
PEKING UNIVERSITY PRESS

目录

序   01

意趣

贺桂梅	呼唤"人文学的想象力"	07
范　晔	燕园译者的书房"三重境"	25
罗　新	书斋内外：一位北大历史学家的写作与旅行	45
于铁军	这是一件"过瘾"的事	63
章永乐	外面，是更大的书房	77

理趣

孙　明	书山有径寻"治道"	99
邱泽奇	读经典，读社会，读时代	113
程美东	一室之间，荟百年峥嵘	129
苏　祺	电子书房，"藏"下千年岁月	143
阎　天	北大的"力食居"，是他的书房	161

美趣

陈平原　夏晓虹	"职业读书人"的读书之乐	185
易　莉	阅读让人生奇旅有迹可循	201
贾　妍	她在北大，有一间"猫"主题书房	221
赵冬梅	一本书就是一条河流	237
李　彦	从纸页间，读到大地上	249

编后记   269

序

对于沉潜于阅读和思考的人生而言，四壁藏书更像是迷宫的围墙——数不清的道路分岔，一不留神，兜兜转转一大圈却又回到了原地。明代哲学家罗钦顺将自己的著作集命名为《困知记》，"困知"二字也许是大多数学者学术生活的真实写照。书房通常是安静的，但并不见得平静。书籍之间交织着各种"争吵"，像庄子笔下"众窍"的混响——"而独不见之调调、之刁刁乎？"书房里的岁月沉积着各色光影、声气，有旦暮千古的会心，有愤悱久之的独觉，也有苦寻不得的挫败。精神的印迹使排列在周遭的书籍拥有了独具的气质，洋溢为整体的观感，也渗透进不经意的细节。

书籍与读书人的相遇大多有偶然的机缘。实体书店的时代，找书是一大乐事。囊中既然羞涩，时间上便不免慷慨。有时在旧书店里泡大半天，带回家的不过三两册而已。如今线上寻书购书，乐趣差不多，但质感有很大不同。不管哪个时代的读书人，书总是越聚越多的。书籍隐在书柜里，等待被再一次发现。有学术和思想积淀的阅读，渐渐使藏书获得了层次和纵深。那些在精神上真正遇见了的书籍，敞开一条无法最终抵达的通往真知的道路，学术和思想的生命就在这样的道路上凝成。没有哪个学者的书柜是平的，总有看不见的起伏。

人工智能在我们有生之年实现跃迁，很难说是幸还是不幸。阅读形态不可避免会发生改变，但阅读本身会被替代吗？至少到目前为止，阅读仍是人类精神传承最重要的途径。每个时代都会有沉静下来、超然于功利之外的阅读。学术研究不能没有时代的关切，但读书就应该仅以读懂为目标：读进去，读进作者的知识、思想和精神的世界。我愿意相信这样的读书人的生活会永久地存续下去。希望这不仅是主观的意愿。

"北大学者书房"是北大宣传部策划的一个学者访谈系列。灵光一现的惊艳创意，汇成一个个当代北大学者学术生活的鲜活具像。把学术生活令人向往的样子以更直观的方式呈现给读者，尤其是年轻人，在这个方面，"北大学者书房"系列做得很成功。

本辑收录了16位北大人文社科学者访谈的图文记录，既涉及书房，也涉及书房之外。图文的内容大概有三个方面：学者书房及学者在书房工作的影像；学者对书籍及学问的态度；读书与治学方法。最醒目的自然是书房与学者的照片。陈平原老师和夏晓虹老师在四壁藏书间云淡风轻的样子，仿佛时间跟他们无关；范晔老师书架上的侠客摆件与《百年孤独》译者身份之间的反差，竟然没有丝毫的违和感；贾妍老师的书房分出阅读区和写作区，如此理性的工作态度下埃及猫的灵性和神性如何毫发无损地穿越历史和文化的间隔来到今天的中文世界，让人心生好奇。阎天老师以"力食居"命名书房，透出心底对劳动的尊重，是劳动法学者最朴素的诗意。李彦老师的书房元素丰富，一如她的化学世界，这中间催化出的反应应该是她课堂和研究灵感的重要来源。对于书籍，于铁军老师的"过瘾"与范晔老师的"玩具"，意象虽殊，其致则一。孔子说："好之者不如乐之者。"信哉！邱泽奇老师的"三本书"（经典之书、社会之书、时代之书），直接将阅读带出了书房；而罗新老师行走远方的背影，似乎并没有离开他的书斋。赵冬梅老师说："我手上没笔做记录的时候，宁可不读。"所以她的书房是工作伦理的载体，具有方法论意义。章永乐老师名为"半渡"的读书会、程美东老师的"笨功夫"与"巧功夫"、孙明老师以"叠"计数的书籍和档案，证明学无止境才是学问之道的真谛。易莉研究员的治学经验告诉我们，学术当然不以畅销为目的，但追求真相的研究本身足以打动人心。苏祺老师的书房有某种"反书房"的品格，技术联通着传统和未来，让人隐约看到了数字化学术生活的样子，虽然不免带起一些伤感。贺桂梅老师要"以文学为'中介'理解当代中国"，稍有学术经验的人就能想象她的阅读范围和藏书体量。一般人的印象里，文学是"轻"的，但桂梅却要这"轻"承起时代之重。"北大学者书房"呈现出了学术生活多面的样态，但种种丰富背后，有一点是共同的——对知识和真理的热爱。

"北大学者书房"第一辑已于 2023 年在北京大学出版社出版。第二辑结集初成，羽中校长嘱我作序。粗读之下，已颇多会心处。零星感想连缀成章，不敢言序，算先睹为快的读者札记。

杨立华

2024 年 6 月 22 日

意趣

燕园一隅，洞见古往今来；提笔刹那，恒有通经致用之心。人文的灵思，社会的关切，在书房中聚积升落；阅世的经验，文字的省察，在墨香中生长凝定。纸页徘徊，细推义理尘嚣外；书房之中，眼界开阔天地宽。

贺桂梅，北京大学中国语言文学系教授，现任系党委书记，2015年度教育部首届青年长江学者。主要从事当代中国文学史、思想史、20世纪女性文学史研究与当代文化批评。著有《人文学的想象力——当代中国思想文化与文学问题》《"新启蒙"知识档案：80年代中国文化研究》《女性文学与性别政治的变迁》《书写"中国气派"——当代文学与民族形式建构》等著作，发表论文百余篇。

贺桂梅

呼唤"人文学的想象力"

文／吴纪阳

阅读在一个研究者的精神世界的形成过程当中,我觉得可以占到60%—70%。其他的就是自己的阅历与观察。

贺桂梅办公室里的书架

初冬的人文学苑草木疏朗，曲径通幽。行至6号楼前，古朴的朱墙红瓦与蓝天相映，更显端庄大气，"斯文在兹"石沉静伫立，传递着朴素坚韧的人文传统。这里是北大中文系，是贺桂梅学习、工作、生活了三十多年的地方。

走进贺桂梅的办公室，占据了整整一面墙的高大书架映入眼帘。对于爱好文学的人来说，这里简直是一个巨大的宝库。从革命文学经典《创业史》《红旗谱》到全套的金庸小说，从《丁玲全集》《赵树理全集》到《后宫·甄嬛传》等现象级网络小说，历史图景和文学样貌可于此窥见。

除了贺桂梅专攻的中国当代文学，这里还陈列着现代文学、女性文学、电影研究、理论研究等各领域的书籍。在文学领域之外，书架上的《21世纪资本论》《社会学的想象力》《意识形态和乌托邦》《文明史》等社会科学著作也都是她所钟爱并熟读的。聚焦于当代文学，而又绝不仅限于当代文学，贺桂梅的研究格局和学术理念在她的书房中得到具象的呈现。

> 阅读在一个研究者的精神世界的形成过程当中，我觉得可以占到60%—70%。其他的就是自己的阅历与观察。我很愿意去了解我们日常生活中那些活的文化，比如去观察周围的人，观察社会心理，还有去看热播的电视剧、电影、网剧等，这在广义上说也是一种阅读。

贺桂梅说，呼吁"人文学的想象力"，其实是打开自己，将个人的问题、文学的问题放到一个大的社会结构关系层面进行讨论，是为了重新激活文学的力量。遍览群书，笔耕不辍，她始终关切的是以文学研究介入现实，从文学出发体认当代中国。

一个不由自主的选择

> 从初中开始我就对现当代的作家和文学有一种亲切自如的感觉。

对于贺桂梅来说，文学是一种与生命交叠在一起的深刻体验，走上文学研究道路"好像是一种不由自主的选择"。在她的童年时期，家里就有浓厚的文学氛围。她的父亲是基层干部，也是乡村知识分子，业余爱好是阅读明清小说。在父亲的影响下，她也很喜欢读《三国演义》《水浒传》"三言""二拍"等古典小说，这些书是她最早的文学启蒙读物。

渐渐长大后，贺桂梅接触到更广阔的文学天地。她的两个姐姐都是学校里文学社团的成员，经常给她带回屠格涅夫的小说、泰戈尔的诗集、蒲宁的散文等文学读物，她开始喜欢上这些西方现代文学作品。她的初中语文老师是一位很活跃的文学青年，很欣赏她的文学素养，把自己的"枕边书"《红与黑》借给她看，还送给她一个笔记本，要求她每天写一篇日记或者作文，希望将她培养成一名作家。

> 那时候的氛围就是这样，好像没有什么其他选项似的，只要你比较有想法或者比较活跃，就都是文学青年。回过头来想，80年代那种文学黄金时代的浪漫主义氛围渗透到了基层社会的不同角落。

1990年，贺桂梅进入北大中文系学习。在这里，她徜徉于燕园的景致和氛围，也常常花大量的时间泡在图书馆里，感受阅读带给人的宁静和纯粹。90年代的人文学界生机蓬勃，新的研究方法层出不穷、碰撞激荡。对贺桂梅来说，这种学术氛围的滋养尤为宝贵。她经常与同学们相约，一起去吴晓东等年轻老师的宿舍找他们聊天，一起去听戴锦华老师一座难求的电影课、女性文学课，下课后还会和戴老师一起吃饭，听戴老师讲学术界的前沿观点。

这段求学时光是贺桂梅集中大量阅读学术著作的时期，也是她从文学爱好者转变为专业的文学研究者的关键阶段。她在课上认真记下老师们提到的新思想、新理论，跟随着老师们的指引去读书。为了把重要的理论著作真正读懂、把握其中的核心思想，贺桂梅发明了一种读书方法，她称为"下笨功夫"。拿到一本书，她在泛读一遍之后，先把目录在电脑文档里抄一遍，"抄目录的过程是把握这本书的内在思路的过程"。然后，她还会把自己觉得书里最有启发的章节抄一遍，并重点关注那些在泛读时标注出来的

90年代,贺桂梅在春天的燕南园

部分,把这些段落转化为自己的语言写下来,然后把最有收获的内容填写在章节目录下面。

我还有一种练习式的阅读写作,在电脑上做一些小文件夹,以领域的名称命名,比如"民族国家理论",然后把相关的书和自己整理的读书笔记都放到这个文件夹里,通过这样的练习,我觉得自己的阅读能力有很大的提升。

如今,贺桂梅建议学生读书要"跟人读",即系统性地阅读有代表性的学者的系列著作,从中把握他们的核心思想,学习他们阐释中国问题的方法。她说,大家在学校里上的课是一样的,之所以理解的程度有区别,还是因为在阅读上下的功夫不同。"所有的聪明其实都是靠勤奋在后面顶着的",这位以广博和深邃著称的学者笑着说出这样坦诚而平实的话语。

在贺桂梅心目中,对她影响最大的两位老师是她的导师洪子诚老师和戴锦华老师。洪子诚老师对史料的重视和思考的厚度让她的研究承袭了中文系厚重的文学史研究传统,而戴锦华老师犀利的批判视野、有感染力的表达让她建立起与自身生命体验深切相关的学术风格。贺桂梅笑言,有朋友称她的风格是"洪子诚 + 戴锦华"。的确,她的著作沉淀着理论的厚重,而又浸染着真切的精神诉求和情感体验;既有辨析材料、回溯历史的深厚功底,又有敏锐的问题意识和现实关怀。

从具身生命体验出发的研究

> 如果一个人可以几十年如一日地从事某件事,那一定是跟她的精神诉求有着内在的关联。

贺桂梅将 90 年代称为她的"学术原点"。从 1990 年入学到 2000 年博士毕业留校任教,90 年代的十年对应着贺桂梅的整个求学生涯。这个时代以它特有的热烈、自由、探索和争鸣,深刻地融入青年贺桂梅的生命经验中,在她的学术生涯中打下了生动的烙印。

在这个思想界十分活跃的时期,北大中文系的几位著名学者分别提出了新的不同于 80 年代的学术研究路径,如戴锦华老师的

1997年，贺桂梅参加硕士毕业答辩（右起依次是贺桂梅、赵祖谟、洪子诚、曹文轩、戴锦华、朴贞姬）

女性主义和文化研究、钱理群老师的思想史、洪子诚老师的文学史、陈平原老师的学术史等，这些研究突破了过去纯粹在文学内部进行鉴赏批评的研究方法，给作为青年研究者的贺桂梅带来极大的触动和启发。

感受到从事学术研究的深层动力，将学术研究作为认识自我、认识中国、认识我们所生活的世界并介入现实的方式，这是90年代给予我的最大馈赠。

硕士学习期间,贺桂梅在宿舍里阅读

　　这样的思路也成为贺桂梅学术生涯中一以贯之的理念。她的研究从 90 年代出发,延展到当代中国的"五个时段"。1999 年,还在读博的她完成了自己的第一本书《批评的增长与危机》,对 90 年代文学批评进行近距离的考察和研究,同时也开始准备博士论文《80 年代文学与五四传统》的写作,立足 90 年代反思 80 年代。在博士论文的基础上,经过近十年的思考打磨,她在 2010 年出版《"新启蒙"知识档案:80 年代中国文化研究》,将 80 年代文化研究推向深入。期间她还写作了《转折的时代:40—50 年代的作家研究》,以五位作家为个案,试图立体呈现四五十年代的文学转型，从而思考社会主义中国的文学体制、主导思想，以及当代文学规范如何确立。

完成《"新启蒙"知识档案：80年代中国文化研究》后，贺桂梅的研究重心从80年代转向50—70年代，在2020年出版了《书写"中国气派"：当代文学与民族形式建构》，讨论民族形式建构与全球视野中的中国认同。2023年，贺桂梅的新著《重述中国：文明自觉与21世纪思想文化研究》面世，聚焦于21世纪思想文化研究。二十多年的笔耕岁月，她著述不断，新见迭出，背后的动力与90年代形成的学术个性和学科自觉有着深刻的内在关联。

贺桂梅始终坚持的性别研究也与她的切身经验紧密相关，她在90年代读硕士时就参与到当时的女性文学热潮中，虽然博士论文转向文学史研究，但一直没有放弃关于女性文学与性别议题的讨论。2014年，贺桂梅出版论文集《女性文学与性别政治的变迁》，这是她对性别研究的一次总结，也勾勒出20世纪中国文学研究不同时期主要性别议题的大致轮廓。贺桂梅认为，女性问题从来就不单纯是女性个人或女性群体本身的问题，应该将其放到

贺桂梅的部分著作

2020年秋,贺桂梅在中文系楼前留影

一种更大的研究视野和社会结构中来讨论,从而推动形成总体性的社会共识,形成有效的判断并生成改变现实的诉求和力量。

我最有感触的是学术真好,它可以让我们将感性的生命体验化为一种前行的力量,而且不仅仅局限在性别问题之中,它也让我们能对更广泛的社会处境有同情、共情与关切。

在贺桂梅的回忆中,她的学术道路就是如此与生命体验紧密缠绕、息息相关,她始终努力以学术的视角和观点回答自己生命中的重要问题,阐释生活中感性的、具身性的体验,也在与师友们生活化的交流和耳濡目染之间感受学术知识的传递。

在研究生期间,贺桂梅与同在中文系读研的王风、李宪瑜、姚丹、萨支山以及西语系的吕文娜结成好友,经常一起去上课,上完课就轮番AA制去吃饭、聊天,交流最近读过的书和新的学术动向。因为他们一起吃喝太频繁,被朋友戏称为"四美具,二男并"。

那时,贺桂梅每周末还会参加当代文学教研室的"批评家周末"活动,与师友们相聚在静园五院,讨论"当代文学的理想",研读和批评流行文学与文化作品。如今回想起来,她觉得学生时期的生活好像都跟"吃吃喝喝"有关,在那些场合,她感受到自由讨论、自由交流的氛围,对专业的认同感也是在这种轻松随意的氛围中自觉不自觉地形成的。

90年代,在一次"批评家周末"活动后留影(前排右三为谢冕,前排中间为贺桂梅)

我们在求学期间不是只有读书一件事，有大学校园那种轻松的精神状态和开放的人际关系，还有人生探索的弹性和自由度，这些是那个时代校园生活非常重要的一部分。

从容平和、亲切自如，这是如今中文系的同学们对贺桂梅最深的印象。文学研究的熏陶与涵养让她在生活中保持豁达和愉悦，也让她在时代与社会的大问题面前拥有智慧和理性。在她温和的笑容和睿智的话语之下，是三十余年学术与生命交融所滋养出的丰盈内心。

以文学为"中介"理解当代中国

在立足文学的同时打破专业的边界，去回应当代中国的问题。

将文学放在当代中国的视域中来看待，这是贺桂梅长期坚持的研究方法，她对这一方法的思考和探索从博士阶段就开始了。90年代，文学创作和批评领域非常活跃，贺桂梅经常应邀在学术刊物上发表批评文章。但渐渐地，她开始反思单纯在文学内部进行批评的方法。

无论就写作方式、发表方式，还是这种写作可以调用的理论、思想资源而言，我都觉得匮乏和不满，因而感到难以为继。我不满足于将自己限定在某个单一的视角中，在无法看清总体性历史结构的情形下，几乎是"自说自话"地发表批评研究。

1998年北京大学百年校庆时，贺桂梅与同学们在校门口合影（后排左一为贺桂梅）

在90年代思想界和学术界氛围的影响下，贺桂梅始终相信文学研究可以打破既有的专业边界，在更大的视域中讨论中国的问题。因此，从这样的问题和困惑出发，她开始思考如何才能通过学术和思想的方式与社会现实产生互动，如何将个人生命中携带的经验和记忆带入研究。

作为在专业学术训练中成长起来的学者，贺桂梅却认为自己从来就不是"纯文学"的，她始终希望把文学的问题，和思想的问题、大众文化的问题、理论的问题乃至社会科学的问题，放在同一个场域中加以讨论，希望在更开阔的视野中理解当代中国，尝试在跨学科的视域中讨论中国问题。她的著作中有对辩证法理论、古典政治哲学、批判性社会科学等西方学术理论的熟练运用，也有对中国文明史研究著作与经典的援引，为当代文学与当代中国的研究，打开了一种崭新而宏阔的视野。

受社会学家米尔斯所提出的"社会学的想象力"的启发，贺桂梅提出"人文学的想象力"这一重要概念。她认为，所谓"人文学的想象力"，既是"走出去"，从专业化的文学研究中走出去，和社会研究、政治经济学研究对话；也是"再激活"，把文学研究放在社会科学研究、人文研究的总体性视野中，讨论它可能具有的思想力和与现实对话的能力。

> 这既是打破个人与社会的简单对立，也是打破学科与专业的隔阂而在整合性的人文视野中回应现实社会的能力。文学的意义正在于它是培育这种能力的最重要形式。

这是贺桂梅用全部学术实践在推进思考和反复体认的问题，也是她在近年人文教育实践中希望分享给学生的观念。从 2015 年开始，贺桂梅几乎每年都会面向研究生开设"21 世纪中国文化热点"讨论课，和学生一起探讨前一年出现的现象级文学作品、影视剧作、学术著作等。在教学工作之余，她也喜欢看电影、追剧，在放松身心的同时追踪最新的大众文化热点，寻找值得研究的新方向。她对近年来现象级的影视作品，如《觉醒年代》《人世间》等有着深入的研究和独到的见解，也关注着《不完美受害人》《宁安如梦》这类时下热播的网剧。

从 2021 年开始，贺桂梅主持开设面向全校本科生的课程"认识中国的方法"，采取系列讲座的形式，每次课邀请一位代表性学者，在跨学科、跨专业的视野中讲授有关中国研究的具体话题。

贺桂梅在演讲中

"今日电影：想象中国和自我的方式""中国当代文学中的世界文学""城乡之际与家国之间""书籍之路与文明互鉴"……涵盖人文社科多个领域的丰富内容为同学们带来知识的盛宴，让"以中国为认识对象，以专业为研究方法"的学术理念得以落地生根。

文学是她在少年时代就结成的密友，也是她一生的钟爱和事业。她的目光所及在广阔无垠的天地，立足之处却从未离开过文学。她说，理解当代中国，回应当代中国的问题，文学始终是不可替代的媒介。

范晔,北京大学西班牙语语言文学学士、博士。现为北京大学西语系主任、副教授。译有加西亚·马尔克斯《百年孤独》、科塔萨尔《万火归一》、因凡特《三只忧伤的老虎》、塞尔努达《致未来的诗人》、波拉尼奥《未知大学》等西语文学作品数种;另著有《诗人的迟缓》《时间熊,镜子虎和看不见的小猫》等。

范晔

燕园译者的书房"三重境"

文／隋雪纯

会为某个诗句而感到兴奋，被特定的文字打动，仔细想来，这应该是一种幸运，甚至是奢侈。

加西亚·马尔克斯的《百年孤独》中有这样一个情节，堂费尔南多"一天大部分时间都关在书房里"。自该书第一本正式授权的中译本问世，12年间已再版122次，影响了一代中国作家与读者；而对于译者范晔而言，翻译的因缘际会正始于其北大外国语学院西语系的为学与为师。

就像堂费尔南多一样，文学和阅读也成为范晔的日常生活和学术研究中极为重要的一部分；这位集读者、译者、作者于一身的北大西语系老师，用书籍开拓出工作、栖息和赏玩的"三重境"，从布宜诺斯艾利斯到巴黎，从波哥大到马孔多，光怪陆离又曲径交叉的路途终点，正是范晔的书房。

西班牙和拉丁美洲文学——范晔书房的两块重要拼图

范晔家中没有独立的书房，但书籍几乎摆入每个房间，因此也可以说，范晔家中无处不是书房。书籍最集中处在客厅，匀实地铺满三面墙，书架顶天立地，原木的颜色，让人想起拉丁美洲的草泽与旷野。

范晔被称为"拉美文学头号迷弟"，西语美洲文学类书籍占据其书架的半壁江山。而作为"译书成为买书的借口"的实践者，范晔在书架中划出特定的区域放置他翻译过的作家的相关书籍，包括科塔萨尔、马尔克斯、波拉尼奥、因凡特等。

> 有关马尔克斯的书籍一排放不下，所以就拐了弯。

加西亚·马尔克斯《百年孤独》的译者是范晔最为人熟知的身份，而论翻译该书的机缘，则始于他进入北大西语系的那一刻。

范晔的书房

《百年孤独》书影

1995年,范晔在地坛的高考咨询会上受到赵振江老师"拉美文学大有可为"的鼓舞,选择西班牙语作为自己的专业,并在北大完成了本科至博士阶段的学习。2008年,留校任教仅两年有余的范晔远赴西班牙担任格拉纳达孔子学院的中方院长,并在此完成了第一部正式出版的译著——阿根廷作家胡利奥·科塔萨尔的短篇小说集《万火归一》;此书问世后仅一年,范晔便接到试译《百年孤独》的邀请,并最终成为其翻译生涯的锚点。

2008年10月,范晔在格拉纳达家中,为孔子学院的开幕式"难得穿一回正装"

这部畅销书让更多读者和西语文学翻译者认识了范晔,他也曾坦言"《百年孤独》改变了我的生命";而现在,范晔的翻译生命生长出更丰富的秩序,此后数年,他又翻译了科塔萨尔《克罗诺皮奥与法玛的故事》(2012)、西班牙诗人路易斯·塞尔努达《致未来的诗人》(2015)、智利诗人罗贝托·波拉尼奥《未知大学》(2017,合译)、古巴作家吉列尔莫·卡夫雷拉·因凡特《三只忧伤的老虎》(2021)等多部西语美洲文学作品。范晔在书房中留了一个四四方方的书格来存放自己的译著和创作,并将之视为自己著述生涯的"进度条"。

我的第一本书是2009年出版的,我想再过十年,差不多就能放满。

不过，对于北大学生而言，范晔更重要的身份是北京大学外国语学院西语系主任。他的书房中专门辟出一个区域，放置西班牙语及欧洲文学经典，如《堂吉诃德》的中文译本有七八种之多，这是出于授课时带领学生进行对读和参照的需要。

作为国内最早的专业点之一和目前国内唯一拥有"西班牙语文学"方向博士生导师的专业，北大西班牙语专业始终具有文学翻译和研究的传统，并产生了两位鲁迅文学奖文学翻译奖得主——赵振江教授、路燕萍老师。这也正是范晔自入学始便进入的学术语境，成为他自觉体认和沿承的学脉。2006年，范晔留校任教并逐步接手西班牙语专业主干课程"西班牙文学史和文学选读""拉美文学史和文学选读""西语国家诗歌"的授课工作。他一方面继承了沈石岩、赵振江等前辈教师直接进入具体文本翻译进行学习的授课方式，一方面又拈出如"诗歌·死亡""诗歌·动物"等文学主题，遴选古今西班牙和西语美洲不同风格的诗歌百余首，并对西班牙语诗歌研究中的一些重要问题进行讨论。通专结合的同时，也让课程的讲授在一代代老师的接力传承中不断丰富、完整，并受到同学们的欢迎。

关于范晔的课堂，有一则佳话被广泛传颂：他曾把文学史课堂"搬"到石舫上，带领学生在春天的未名湖边读诗。

> 文艺复兴文学中常见一个古老的"乐土"（Locus amoenus）主题，那是绿树成荫、芳草鲜美、清波如镜的所在。我觉得未名湖恰好满足了这样的条件，它就是16世纪诗歌中的理想乐土。而燕园少年春衫薄，石舫见证了一代代学子的青春，又暗合了"惜时"（Carpe diem）的主题……

范晔提示他的学生，要用全部的知识、身心和人生阅历来读

北大校园未名湖上的石舫

诗；而在湖畔漫步，讨论诗歌、爱情与理想的岁月，是青春中"一倍惜年华"的闪光时分，也蕴含着他想传递给学生的感动。

书房是"地图""玩具房"和"故乡"

书房对范晔来说绝不只是贮藏书籍之所，更是精神憩息之地。他曾经将书房比作浓缩的"人·岁月·生活"，书房中容纳了广大的时空，也记录下范晔的求知方向、兴趣领域和成长历程。更重要的是，书房之于范晔，还是一份"友情地图"，纸页间的标记和批注，则是他珍视的轨迹与坐标。《百年孤独》出版后，范晔的诗人朋友匙河、包慧怡等在书中作了手写批注甚至勘误，范晔听

范晔

友人赠阅"评点版"《百年孤独》

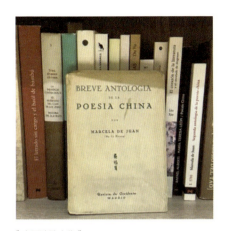

《给李白的信》

《中国诗歌小集》

说后,马上兴奋地请求用一本新书"换"对方手中被翻得边缘磨毛的"批注本"。友人的批点,小到因语感不合而删除一个"了"字,大到对情节的品评乃至联想到其他文学文本,无一不被范晔仔细阅读,其中很多意见被采纳并应用于《百年孤独》此后的修订本中。

每本进驻范晔书房的书,都关联一段丰饶的记忆。其中有代表性的是一本由作者签名并题词的诗集,它来自西班牙诗人、圣费尔南多皇家美术学院通讯院士何塞·克雷多-马特奥斯的赠予。2008年,范晔在西班牙格拉纳达孔子学院负责筹办各类交流讲座和活动,彼时马特奥斯已年近八旬,却欣然应允从巴塞罗那专门飞到格拉纳达为孔子学院开设讲座,这让范晔深为感动。马特奥斯认为自己受到中国古诗的影响,他笔下的山河、树木与"地平线和风"充满了对中国古典诗歌意境的想象。在《给李白的信》一诗中,他写道:"春天生长/在冬天里。/你微笑着,创造/无用的美好。"

但有趣的是,这位诗人并不懂中文,范晔推测其阅读来源可能是西班牙著名汉学家黄玛赛翻译的《中国诗歌小集》(*Breve antología de la poesía China*),从唐代的李白到现代的马特奥斯,这种远渡重洋的妙赏与契合让范晔印象深刻,也为中国与西班牙

在西班牙格拉纳达常逛的旧书店

《捉猫故事集》与《如何屠龙》摆放在一起,书名形成有趣的对照

文学的因缘际会而感动。

在《百年孤独》里,书籍陪伴加泰罗尼亚智者度过流亡岁月,范晔的书房也是他的"避难所",这一容纳庞杂知识的空间给予范晔以充分的自由,他可以邀请自己喜爱的书籍走入其中。有的是出于对内容的好奇,有的则是由于书籍装帧与其审美的契合。但或许是阅读兴趣离其术业专攻不远,范晔的"闲书"与"正经书"并非泾渭分明,有一些最初购买时完全出于兴趣使然的书籍,在范晔此后的讲课或者研究、写作时忽然都派上用场,于是"正经"与"闲杂"之分类便兴替改易,而不变的是范晔对西语文学的持守与热爱。

书房也是范晔的"玩具房",他笑称自己经常把书搬来搬去,在范晔手中,书籍似乎也成了孩童的积木,其摆放和重组并不仅仅是为了视觉上形成大小开本排布的整齐,而是遵循自己的设计,展现着他的灵思与谐趣:有一些按照书脊色彩的搭配进行放置,还有一些来自他给书籍认真组合的"cp",如将《捉猫故事集》

《永恒运动》书影和内文

与《如何屠龙》并列,"两个词组好像能形成对照和反差,挺好玩儿"。他还有意把作为西方现代小说奠基之作的《堂吉诃德》与欧洲文艺复兴之先声《神曲》放在一起,"我想堂吉诃德和但丁可能都不会有太大的意见"。他别出心裁地为每本书寻找着恰当的位置,也正是在此过程中,形成了有关知识乃至生活的秩序感。

"严肃的游戏精神"

"有趣"和"好玩"是范晔在采访时提及最多的词汇,这不仅是他遴选书籍、建构书房的理念之一,也是他的生活哲学的重要构成部分。

范晔购买的第一本外文书正是因"有趣"而钟情。2003年,第一次出国的他在墨西哥的小书店被一本封面画着苍蝇的书所吸引,那是奥古斯都·蒙特罗索的《永恒运动》——如此宏大的标题,实际上是一本关于苍蝇主题的书,令人忍俊不禁。该书介于小品、杂文、散文诗之间的实验性文体也让范晔感到新奇又愉悦,这本出版于1972年的二手书至今仍被范晔珍藏。

范晔希望自己是一个有趣、有幽默感的人,他不喜欢"安全无害的庸常世界",期待着生活中种种意想不到的惊喜和遇合。而他不动声色的幽默感,也镶嵌在生活细节里。范晔喜欢动物,自称"猫科动物之友",书架间的摆件是美洲豹、大食蚁兽等各类"珍禽异兽",仿佛能够组建一个猛兽动物园;不仅如此,范晔还会精心装扮他的书架"宠物",比如给南浣熊戴上一顶毛线睡帽,让恐龙化石骑上自行车……有限的空间之内,范晔用无限的想象力和幽默感探索"此间的奇境"。

这种对"有趣"兴致盎然的追求似乎也成为范晔从事翻译工作的特点,虽然他带领读者敲开了马孔多的大门,但其译著中属

书架上的摆件

与马尔克斯的妹妹 Aída 奶奶聊天

于魔幻现实主义的作品,也仅《百年孤独》一部而已。他把自己比喻成本雅明所说的"都市浪游者","专门喜欢东瞧瞧西看看,看有什么好玩的就手痒,就想试试"。在范晔翻译过的作家中,路易斯·塞尔努达和维森特·阿莱克桑德雷虽同属"二七一代"诗人,但性情和创作风格有相当大的差异;他翻译过拉美"文学爆炸"四大天王中的三位,即胡利奥·科塔萨尔、加西亚·马尔克斯、卡洛斯·富恩特斯,他们的创作题材和作品风格也完全不同。尽管范晔称其所翻译的书在种类方面"其实没什么太多规律",但上述作家却有一个共同特点:拥有各自独特而鲜明的文风,也

左：《致未来的诗人》（西班牙），塞尔努达著，范晔译

右：《万火归一》（阿根廷），科塔萨尔著，范晔译

范晔收藏的武侠小说

正是他们的不入庸常，吸引了范晔的阅读兴趣，并成为其翻译的重要动力。

相较《百年孤独》，范晔更喜欢自己翻译塞尔努达的《致未来的诗人》与科塔萨尔的《万火归一》，他似乎能自然而然地把握到两位诗人的创作肌理，感受到一种自然的理解与契合：前者是在格格不入中蕴含澎湃激情，而后者则带有"克罗诺皮奥精神"的艺术家气质，范晔将其概括为一种"严肃的游戏精神"——而这正是他十分喜爱并深为向往的。

尽管在面对翻译对象时，范晔重视"有趣"的"游戏"质素，但就翻译工作本身而言，其"严肃性"则远占上风。范晔的书架上有一片区域专门放置金庸和还珠楼主的武侠小说，那是他青春的自留地，而他也常以侠客譬喻翻译者。

  大概是以前武侠小说看得太多，曾一度喜欢把译者想象为《刺客列传》中的人物，审时度势不肯轻易出手，百般琢磨文字只为倾力一击。

范晔自言交完译稿后便如侠客一般"事了拂衣去，深藏身与名"，但对于文字的淬炼，正如武林义士锻炼武功一般，历经纠结磨难，最终方能使文从字顺、语意圆融。

不管是小说还是诗歌，范晔在进行第一遍翻译时基本采取直译的策略，即完全遵照原文，但他发现，"贴着翻不一定是最忠实的"，因为如果连句序都按照西语的模式，其中就会产生一个问题："有些句序在西文中虽然很长，但并不古怪；而放在中文里，如果连词句的顺序皆完全一致，则会形成一种原文中没有的古怪、生硬感。"因此便需要第二、第三甚至更多遍翻译，此时范晔会梳理句意并对语句加以润色。为了确保翻译的准确性，范晔还经常在友人帮助下使用英、德、法、日等多种语言的译本进行比对，以检查自己的译文文义是否忠实于原作："相当于邀请了几个老师来帮助我校对。"

从书房的阅读者到创造书籍的翻译者，范晔尝试在不同语种间实现"对等原则"，其译文的呈现方式更多取决于其作为读者的阅读经验，正像译界前贤罗新璋、傅雷等提出的"译应像写""理想的译文仿佛是原作者的中文写作"那样，范晔在追求意义准确的同时，尽量不破坏原文的文本重复、内在韵律和隐喻结构等特征，他希望"翻译后仍然是作品，而不仅仅是译文"，因此自行增加了翻译的难度和挑战。为了追求对《百年孤独》口吻与情感色彩的还原,他会对译文的叙述语调进行揣摩,并最终达成"以一种非常神奇的、煞有介事的方式讲述最琐碎、日常的事情"的作品风格,让无数读者牢牢记住了"奥雷里亚诺·布恩迪亚上校将会回想起父亲带他去见识冰块的那个遥远的下午";而在翻译《三只忧伤的老虎》时,由于该书用古巴方言写作,涉及知识琐碎纷繁并充满各类语言游戏,让范晔也不得不感叹"确实太难弄了",但他还是咬牙坚持下来,将一本西语绕口令式的图书呈现在中国读者面前,从而掀开西班牙语文学极致丰富的表达形式的瑰奇一页。

用创作向翻译过的作家致敬

翻译是最深刻的阅读,也成为范晔创作之路的基石。在翻译《万火归一》《百年孤独》等作品的过程中,他也进行随笔和小说创作,这些作品最终结集为《诗人的迟缓》。他不喜欢陈腔滥调,希望尝试用新颖的方式呈现习以为常的主题,用文学作品"复现人的生活"。"我曾经有一个'妄想',如果能写谁像谁就好了。"因此,范晔在《向科塔萨尔致敬》一文的书写中有意识地摹仿科塔萨尔的笔法和特质,力图使该文的风格"很科塔萨尔"。《诗人的迟缓》中第一篇文章的标题"如果在冬夜,三位旅人"出自伊塔洛·卡尔维诺的小说,其中的笔调则来自对其翻译过的西语作家的戏仿:让读者在字里行间得到一种微妙的似曾相识之感,这也是范晔向其翻译过的作家致敬的方式。

幻想文学作品《时间熊,镜子虎和看不见的小猫》被范晔称为"伪童话",其文风与他的翻译和阅读密不可分。"'动物手册'部分的编排是比较博尔赫斯式的"——它们都是幻想动物,然而

2018 年在墨西哥城著名的哈瓦那酒吧，马尔克斯、波拉尼奥等作家都曾是此地常客

范晔却要煞有介事地为它们寻找动物学的归属，"每一种动物都应该有自己的拉丁学名，但只有前两种动物的拉丁学名是现实存在的，其他的动物本来就是虚构的，本就不可能有拉丁学名，所以我给他们编了名字"。

此外，范晔还在这些动物中藏了一些小小的"梗"，比如"风铃狮子"在书中的拉丁学名为"Leon chuang-tzu"，"chuang-tzu"即"庄周"，原因是行文中"微风的时候，大风的时候，狂风的时候都会发出不同的声音，像湍急的流水声，像迅疾的飞箭声，像粗暴的呵斥声"，这样的描写灵感实取自庄子《齐物论》，"激者，謞者，叱者，吸者，叫者，譹者，宎者，咬者，前者唱于而随者唱喁。泠风则小和，飘风则大和，厉风济则众窍为虚"。

此外，书中将"熊"所原属的"食肉目"全部置换成了"食梦目"，同样是范晔的细微巧思。

至于"镜子虎"所融合的"镜子"与"虎"两种元素，也是博尔赫斯极富隐喻性的重要意象,范晔设计这一形象,意在与博尔赫斯形成遥远的回应。

他将贯通古今中外的庞大知识体系悉数统合于创作之中,传统的文学母题与诚挚的生命体悟相融合,它们根植于范晔的阅读和翻译经验,并最终生长出一片簇新的文学风景。

走出书房:"惟有前方"

除了在墨西哥一年,在西班牙三年,范晔几乎未曾离开燕园,这里的人文化育和四时风物早已成为他生命的一部分。"北大有一种特别的氛围。"从北大学生到北大教师,范晔总能在身边的师生中找到同声相应、同气相求的伙伴,"会为某个诗句而感到兴奋,被特定的文字打动,仔细想来,这应该是一种幸运,甚至是奢侈"。在北大学与教的 28 年里,范晔以语言为支点,实现与西班牙和拉丁美洲跨越时空的奇妙联结;北大的包容与丰实更让他有勇气关注"鲜花、河流和大地",注目并关怀灭绝和濒危的动物。本科的最后一年,范晔与好友建立了"猛犸濒危野生动物协会",不取"保护"之名,因为人与动物之间需要生命的对等性;他主张放下知识、文化、判断、观念与包装,关注那些"有斑纹和有羽毛的诗歌",这也正是北大教会他的——不止于自己"冰冷玲珑的壳",而是对远方亦有理性关切,维护不同生命形态的自由与尊严。

《时间熊,镜子虎和看不见的小猫》书影和内页

时至今日,范晔虽然从事西语翻译工作近三十载,但他最喜欢的还是第一部译著、短篇小说集《万火归一》中《南方高速》的结尾:

……天线上绑着的红十字小旗在疯狂地飘摆,车流以时速八十公里的速度朝着渐行渐增的灯火驶去,却没有人真正明白为什么要这样匆忙,为什么要在夜间公路上置身于陌生的车辆之中,彼此间一无所知,所有人都直直地目视前方,惟有前方。

距离翻译《百年孤独》已有13年之久,范晔的新译著也在相继问世。何塞·阿尔卡蒂奥·布恩迪亚永远留在了马孔多,但是燕园的范晔还要继续追寻属于他的"惟有前方":以书房为原点,拓开无限广阔的西语世界。

罗新，北京大学中国古代史研究中心暨历史学系教授，研究方向为魏晋南北朝史和中国古代民族史。研究专著有《中古北族名号研究》《黑毡上的北魏皇帝》《漫长的余生》《王化与山险：中古边裔论集》等。著有非虚构作品《从大都到上都：在古道上重新发现中国》《漫长的余生：一个北魏宫女和她的时代》，学术随笔《有所不为的反叛者》。

罗新

书斋内外：一位北大历史学家的写作与旅行

文／顾思程

让读者知道什么是必须要校真的。

近日，罗新被《中国新闻周刊》评选为2023年度学者，获奖理由这样写道："他研究遥远艰深的学问，也关注此刻与周遭。他收拾行囊徒步数百公里，写下《从大都到上都》；也探查史料，写出了《漫长的余生》。他是一位学者，但从不困于书斋；他研究历史，却从未与当下隔绝。在他看来，历史学是对人的理性思维的训练，关心弱者、为边缘人发声是当下历史学人的重要责任。他身体力行，一直努力用自己的责任感关照着历史与当下。"

作为深耕魏晋南北朝史和北方民族史的历史学家，北大历史学系教授罗新是妙笔生花、功力深湛的非虚构类作品作者，也是坚信"何以解忧，唯有行走"的徒步人。从文学青年到历史学者，藏书镌刻了他精神世界的成长，衍生为书房中变动不居的景象。

在罗新的书房里，满载灵感、记忆与阅历，是通往中古中国的时空隧道，也是远行旅人永恒的故乡。

盛满"过去"的书房

坐落在朗润园深处的中国古代史研究中心，是一座端雅的旧式四合院。一扇朱红门扉，掩住了草长深院、花落庭前，以及置身其中的学者的笔耕岁月。沿着花木中的曲径穿过四四方方的天井，来到廊檐下一处长方形的小室。这里就是北大历史学系教授罗新日常读书和写作的空间。

三面书墙环绕两张桌案，书籍在书架每一级隔间中堆叠作内外两层。书海密不透风地遮掩下来，书房形同一间小小的船舱。安卧其中的古代汉籍、内亚文献、中亚史书、突厥语辞典，滋养着书房主人贯通中外的视野和阐幽抉微的薪向。它们记录着往古、当下的时空，因之渐染上一层幽邈与神秘；与之摩肩接踵的大宗

罗新在书房中

文学作品，多为旅行纪实，文字映照出书斋之外的山河丛林、芳草郁金，有着不输于历史学的丰实和纵深，同样令人目眩神迷。不知是否出于对少年时代作家梦的追记，这位历史学者慷慨地为文学书籍留下足够的栖居之地。

经过二十年多年的广泛搜求、涓滴以汇，罗新当前的藏书已成超过一万册的规模，朗润园书斋只是其中的冰山一角。很难想象 1985 年他从北京大学中文系本科毕业时，两只木箱的承载是他仅有的存藏。从中文而历史，由南朝而北朝，再进入空间上更北的阿尔泰学领域，志趣的递嬗、学问的积淀演变为藏书内容的众体辐辏。尽管"拥书百城"是一种正面表达，但是一旦藏书将人的活动空间挤压殆尽，坐拥书城就会走向它的反面，变作一桩恼人的麻烦。对于罗新而言，这份苦恼大抵无从开解，因为藏书不易，散书更难。

书城高筑、插架琳琅，映衬出室中仅有的不置书籍的一隅，更令人眼前一亮：半面墙壁为一枚墓志拓片所掩，这是北魏郑羲所书亡母墓志，魏收在其中留下了他在《魏书》以外的文章；一幅工笔绘就的突厥贵女画像，画中人高履鲜衣，擎苍牵黄，别有一种夺目的英气；几张行旅图片，人物或凝睇远眺，或持笔作书，背景无一例外是广袤的草原。

这些时间中的标本，和旁侧用于夏季莳花的草帽、沙琪玛贴纸、卡通拼贴画柔和地共存，也与他的学术考索、私人书写形成互文。书房盛满过去，它是通向往古世界深不见底的隧道，将中古中国的史书和文学，以及草原、荒野、说突厥语和蒙古语的游牧族群，一一收束而尽。书房的主人立于案前，翻阅密密麻麻的过去，体察历史演进的足迹，也将他所向往的远方写入纸间，由此我们看到了北魏皇帝的黑毡、金莲川上的风烟、阿姆河畔的月色、走出暗影的北魏女性……

行旅照片

突厥贵女画像

书房是罗新记录历史和当下的写作场,在他的笔端,历史由远而近,当下不断隐入过往。

历史学与作家梦

> 让读者知道什么是必须要较真的。

流年暗换,文学青年成长为历史学者,笔尖从个人的精神世界滑入古人的生活空间。不过,仍有一些持久的不变,比如烛照幽微的目光、永远丰盛的想象。他对媚俗的抗拒和反叛一如既往。

1981年,罗新带着作家梦进入北京大学中文系。毕业回乡,在方志办工作的几年,他有大把时间漫无目的地翻书。兴趣的转移不着痕迹,无边的历史浮现出动人的弧光,终于在暌违燕园四年之后,罗新重返学问的故地。这一次,他站在新的起点,前方是中国的中古时代。

在北大历史学系田余庆教授的指导下,罗新接受了聚焦于政治史的传统学术训练。和一切学风笃实的研究者无异,先是完整精读魏晋南北朝基本史籍、垂范性的中外名家论著,由此形成自己的学术眼光和问题意识。他沉潜于正统史学的路径并渐入佳境,新文化史的跫音却开始由远及近。20世纪80年代,后现代思潮横扫西方人文领域,史学革新风起云涌。先行者意图摆脱传统史学的精英主义色彩,聚焦平民的日常生活及其意义世界。罗新恰是在求学时代的尾声,见证了这一全新的学术范式流衍于国内的经过。作为沾溉新文化史西学东渐余绪的第一代中国学者,罗新的学术实践自是很难绕过立足微观世界的史学关怀。

由南朝而五胡十六国,再至北魏,深入更北方,就一下触及

2016 年 7 月，罗新在上都附近

了阿尔泰学的门户。他以皓首穷经的矻矻孜孜和烛幽洞微的敏锐颖悟，相继完成《北族名号考》《新出魏晋南北朝墓志疏证》（与叶炜合著），以及《黑毡上的北魏皇帝》《王化与山险：中古边裔论集》等学术论著。当专业研究的步履趋于从容，早年的写作理想不甘归于寂灭，挣脱出时间的尘封。

2017 年旅行纪实《从上都到大都：在古道上重新发现中国》脱稿，2019 年史学反思随笔《有所不为的反叛者》面世，2022 年异域散纪《月亮照在阿姆河上》结集，罗新的学问与才情、识见

左：2019年，由北京大学出版社出版的《王化与山险：中古边裔论集》

右：2019年，由上海三联书店出版的《有所不为的反叛者》

与阅历开始为更多历史学界以外的读者发现、赞叹，再至推崇。终于，公众阅读的强烈兴味在《漫长的余生：一个北魏宫女和她的时代》成书的一刻起，推至前所未有的高峰。

或许是受历史学"信而有征"的浸润，罗新在专业以外的写作，多半以非虚构的形式表达。读者惊异于他纵深广博的阅读积累、从容裕如的文字表达、对世事敏锐细腻的审视洞察，也为他持守严格学术标准的学人气质所触动。"让读者知道什么是必须要较真的。"这是罗新的态度。

面对公众写作，罗新更看重学术精神的传达和完整思维过程的呈现。

早年的阅读经验是一道潜流，指引他的审美旨趣和写作蕲向，最终显形于落笔的一瞬间：萌生写作旅行书《从大都到上都：在古道上重新发现中国》的念头，多半是受比尔·布莱森的《林中纪行》和罗瑞·斯图尔特的《寻路阿富汗》的激励鼓动；普希金的中篇小说《上尉的女儿》让他看到"用虚构的小人物反映一段真实过去"的魔力，透过小人物之眼见证历史事件的发生发展；

在某种意义上，《漫长的余生：一个北魏宫女和她的时代》就借鉴了这种技法，文学叙事化作历史书写的镜像。

隔着相当一段距离回望遥遥遗落在身后的作家梦，遗憾在恰当的时刻酝酿为一种情绪，一种溯洄从之的迫切。重新翻开作家梦与历史学相互错失的一页，他计划在将来，在这一页上，留下更多指向文学的书写。

当中古史和内亚史交叠在北魏

罗新眼中的历史学者不外乎两类：一类闭门造车而能毫厘不差，因此寸步不离故纸堆；另一类不至现场就万难动笔，故一有机会便要远行。他本人就属于后一类。实地重返历史发生的现场，把握过去某一段社会文化生活的质地和氛围，方能积聚起提笔的底气。这种习惯根植于罗新研究对象的特殊性，也因他特别的研究视角和学术取径不断被强化。

在罗新的学术版图中，传统意义上的中国中古史与内亚视角下的北方民族史各占其半，北魏是最醒目的交叠板块。三十年来，罗新的目光从未从它身上移开。这种错综交叠既带给历史学者开拓视野的机会，也充满令人生畏的困难，比如语言的隔膜、常识的阙略、文献的星散。也是在这一时期，罗新书房的风景急剧变化，外文图书开始与汉文典籍争夺空间。他先是浸润在古突厥语、土耳其语的文法世界里兀兀穷年，随后肉身回到历史登场的舞台。暑假是他造访新疆、蒙古国、中亚的时节。在很长一段时间里，罗新印象中的夏季游离于酷暑之外，与草原的清旷、漠北的苍凉、古道的晚风难解难分。因为与内亚视角相接，他笔下的北魏衍生出立体丰富的文化内蕴。

2016年8月，罗新在哈萨克斯坦

2019年6月，罗新在乌兹别克斯坦的希瓦市

　　内亚视角的反面是"站在长城上向北手搭凉棚"式的一番瞭望。罗新更愿意站在长城以外，乃至更远处的草原，展开他的凝视。

　　作为中原王朝兴替的一环，北魏无可置疑是中国中古史的一部分。但是建立北魏的拓跋鲜卑是源于内亚的阿尔泰语人群，是说古突厥语和古蒙古语的群体。统治集团来自内亚、来自草原，北魏的皇帝同时也是拓跋的可汗，所以只有引入内亚历史的概念，才能深刻理解这一人群的组织、文化、传统。

《黑毡上的北魏皇帝》就是罗新探索中国历史与内亚历史复杂关系的一次尝试。用平城时代的北魏皇帝在黑毡上完成的即位典礼，扣合起前前后后草原政权的立汗仪式，被压抑的声音、被隐去的叙事浮出水面，内亚历史传统的独立性由此凸显。北魏皇帝的即位仪式，既展演出"拓跋鲜卑政治传统与华夏传统的遭遇、碰撞及变异"，也折射了鲜卑旧俗与内亚政治传统间的深刻关联。

从伫立在中国史和内亚史交织处的北魏放眼四顾，罗新试图破除基于现代民族国家的认知局限，质疑那些规约化、模式化的学理解释，看到历史平滑无痕的表面下不同叙述声音的竞争和角逐："在理解中国历史连续性的同时，也应该对内亚历史的独立性和连续性有自觉和清醒的认识。"

对古代突厥人群生发兴趣是罗新学习突厥语、土耳其语的起点。像是打开潘多拉魔盒，他触及了内亚的历史肌理。中亚也向他隐隐发出召唤，令他心驰神往。说突厥语的中亚人群开辟了一片有别于游牧世界的天地，以战争和冲突缔结与游牧族群的休戚与共。他渴望自己能与中亚史之间建立更深的关联，超越语料的阅读与足迹的亲临，直指史学考索的推陈出新。

海豚出版社2014年版《黑毡上的北魏皇帝》与上海三联书店2022年修订本《黑毡上的北魏皇帝》书影

写下北魏女性的生命史

王钟儿，一位生平沦灭于历史，惟墓志记取其梗概的北魏女子，她的身影在罗新的脑海中盘桓了三十余年，又在笔端徘徊近三载，终于在2022年春天，罗新用《漫长的余生：

2022年,《漫长的余生:一个北魏宫女和她的时代》出版

一个北魏宫女和她的时代》纪念她的魂兮归来。书的副标题道出这是一段从边缘人视角讲述的历史。文字形成的时间节点为书写本身平添了古事与今情交织的意味。

绵亘多年的踟蹰——关乎要不要讲述、值不值得讲述,最终冰释于当下的现实处境。罗新比以往更强烈地感受到遥远时代的普通人,他们生命的分量:"没有他们,历史就是不完整、不真切的。"

新书一经问世便载誉无数。它在历史学界以外引起的强烈反响,就连罗新本人都有些措手不及。像是一段相似记忆的回归,罗新谈到他在 2003 年访学哈佛燕京时,初读李贞德《公主之死》的偶然发现。

《公主之死》以北魏孝明帝时期兰陵公主被驸马殴伤致死的人命官司为切入点,探讨胡太后操控下的司法审判,进而引申出女性的法律地位问题。全书重在事件分析,无意对幕后人物的来龙去脉做深入追索,这让罗新看到人物考证大有可为的余地。施以一番史料排比与甄别,他发现卷入事件中的"彭城公主"和"陈留公主"根本就是同一人。拼凑出陈留公主失落的行踪,也就还原了一段满含悲伤与无奈的故事:这位孝文帝的妹妹一生经历三次婚姻而无一善终,总是在阴差阳错和求而不得之间往复,落得晚景飘零。盛年时的公主为反抗当朝皇后指婚,意欲争得一线自主,不惜以身试险掀动宫廷内争,这是她惨淡枯槁的一生中唯一一点亮色。

本来是为学友新作而写的书评,几乎变成专替陈留公主而作的传记,罗新索性以"陈留公主"命名这篇文章,发表在《读书》杂志上。不曾料想,一位千载以前无名公主的悲剧,会让无数当代人唏嘘伤感,为一段个人的痛史扼腕。堆满案头的读者来信带给罗新振奋、鼓舞,还有些许错愕，他不能不思考这些正面评价的深层缘由：读者如此关切、感愤、伤怀的，恰恰是幽微却触动人心的个人命运。尽管这位公主的全名尚且成谜，但她依然被置于聚光灯下，推向台前，成为故事的主角。

诚然，在中古基本典籍本就十分有限的情况下，出土文献拓展了史料畛域，墓志就是其重要构成，可与传世文献相互参证。但是罗新更看重的，是无缘载入正史的个体，偶因生平勒石，留下了一抹曾有斯人的印记。他总是被历史幽隐的角落吸引，比如无名者被遗忘遮蔽的平生、帝王被权力遮蔽的暗面。只是真正让他心折的，无一例外是北魏历史中那些有迹可循的女性。

北魏常山公主、琅琊公主、柔然可汗的一对女儿陆续在罗新笔下获得一段生命史。他的目光再次向下，就轮到王钟儿，一个"遥远时代的普通人"迎来自己的"名举风旋"。

一场兵燹打翻这位刘宋士族女原本该有的人生，她从此辗转北地、籍没掖庭，在北魏深宫走过漫长的五十六年光阴。《慈庆墓志》是罗新叙述王钟儿故事的粉本，原本的留白处挤满与她命运交织的人物。而"子贵母死"的制度阴影挥之不去，灾难和机遇是它示人的两种面目，一旦高层的走向为之搅动，小人物不得不承受余波过后的起伏和翻覆。

王钟儿走向谢幕的终点，罗新对北魏女性生命史的书写尚未止休。他已然找到了新的写作目标，值得再用一本书的篇幅去重现这位女子的一生。

走出书斋，成为旅行者

不久前，罗新完成了一篇关于清代沧州古建筑的文章。和此

罗新书房中的北魏女性墓志拓片

前无数次一样,他从纸本风景走进现实图卷。笔下的书写对象成了永远的留白,不过文庙还在,运河的每一道曲折回环依旧如昔。他为连接古与今不多的一点凭依而感动。

也有许多次的出发与具体的专业研究无关,只是"为走而走"。罗新嗜读西方旅行作品,二十年如一日,持久到他也拥有足够的阅历写下属于自己的旅行纪实:山川在眼前流淌,人事的聚散遇合飘忽不定,过往时而闪现,行走的人不断和自己的历史遭遇。

53岁那年,罗新用十五天时间沿着元代辇路的路线,从北京的元大都走向内蒙古的元上都，完成 450 公里的徒步。这段经历被他写成《从大都到上都：在古道上重新发现中国》一书。他做到了"行走并记录"，也再次回到迷惘已久的同一个问题之前：一位历史学家，究竟要如何思考过去与现实的关联？

他更愿意采取一种回溯性视角，立足于当下的经验逆流而上，"只有从现实、从当前的生活经验出发，我们才能靠近并辨认过去"。过去充斥了太多与现实相似的内容，"有黑暗、有光亮、有痛苦、有甜蜜，有一切我们理解的，以及我们不理解的"。他很庆幸走完了这一段路，即便他对很多问题还是没有答案。

罗新第一次读到美国人马克·亚当斯写秘鲁探险经历的《到马丘比丘右转》，就被书中的一句话点亮："我完成了从旅游者到旅行者的转变。"多年后，他用走向元上都的旅行完成对它的注释："因为他流了汗，吃了苦，付出了很多，他才真正理解了那些高山深谷和那里的人民。"他希望自己也能实现同样的转变，从旅游者到旅行者，单向的、不可逆的转变。他要在自己的学术人生中，用行走，用实践，发现历史与现实的错综，不再是高居象牙塔、透过文字的帘幕研究所谓"中国"和"中国社会"的观光客。

2022 年暑假，罗新与《国家地理》探险家保罗·萨洛佩克一

上：《从大都到上都：在古道上重新发现中国》书影

下：异域旅行随笔集《月亮照在阿姆河上》书影

2022 年，罗新和保罗在四川江油青莲镇

起，在成都北部长途行进。愉快的经历连同五味杂陈的遭际，淡褪了戏剧性和浪漫色彩，露出现实最直白的底子，也将罗新对当下的体悟、对"真实"的理解引入深刻。他期待在不久的将来，从北京徒步到湖北家乡，以这段长途跋涉纪念职业生涯的结束。就按照公安人袁中道回乡日记的路线走一遍，记取昔年物候与永恒的河山，也在行走的路上阅读现实的中国。

书斋外，每每抵达旅程的终点，片刻停驻后，罗新就已跃跃欲试于下一次的整装待发；书斋内，旧作既成，他会轻轻抖落衣襟上的尘埃，再度向历史纵深处远行，拾取零玑碎璧，收合余烬留光，烛照失散在历史尽头，深陷在遗忘之中的往昔景象。

于铁军,北京大学国际战略研究院院长、北京大学国际关系学院教授。主要教学和研究方向为东亚国际关系、国际政治理论、国际政治思想史和国际安全。主要著作有:《中日历史认识共同研究报告(战前篇):中日战争何以爆发》(共同编著)、《中日安全与防务交流:历史、现状与展望》(共同编著)、《帝国的迷思》(主译)、《纷争与协作——国际政治论集》(译著)等。

于铁军

这是一件"过瘾"的事

文／吴纪阳

要更好地理解世界、理解中国，处理好中国与世界的关系，还是要多读书、多交往。

走进于铁军的办公室，首先被巧妙的布局所吸引。主体部分包含三组高大的书架，放在中间的书架将办公室分隔成工作间和会客室两部分：里侧的书桌拥有相对独立的小空间，坐在桌边既可以凭窗眺望，又可以不受打扰地学习和研究；外侧的桌椅小巧精致，可供师生朋友来访时小坐交谈。整个屋子的空间不大，但置身其中却感到舒适从容。

在一个清晨，我们走进北京大学国际关系学院教授于铁军的书房，爽朗热情的于老师从旁边的咖啡厅端来几杯咖啡放在待客的小桌上。在咖啡香醇的气息中，我们逐渐沉浸到他与书的世界当中，聆听那些或切近或久远的故事。

这些故事关于书籍，关于一个学者的成长，关于立足家国、纵观天下。

收藏好书，是一件"过瘾"的事

> 国际关系这一学科本身比较杂，与政治、军事、历史等关系都很密切，所以我买书买得也杂，再加上中文、英文、日文三种语言的书都有，藏书的规模就比较大了。

说起办公室里的藏书，于铁军如数家珍。一共十个书架分为三组摆放，每个书架上大约有 800 本书，整个房间里一共有 8000 本左右。这间小小的书房容纳着数量如此庞大的书籍，却整洁有序，丝毫没有杂乱之感。于铁军喜欢将书籍分类摆放，按照语言分，有中文、英文、日文三类；按照领域分，又有政治、历史、军事与战略等类别。他笑言自己"秩序感比较强"，将书籍按照类别放在特定的位置，想找哪一类的书时就可以按图索骥，快速定位。

于铁军的书房

平时老师、同学需要什么书,在于铁军的书房里总是可以轻松地找到。

对于铁军来说,与书相关的事情都是他生活中的乐趣所在。他曾在国外学习多年,每到一个国家或城市,他都要去当地的书店,尤其是旧书店。如今,办公室和家里的书籍加起来已有两万余册,但仍没有收手的意思。为了购书方便,他还托朋友们帮忙,在国外也设了几个藏书"据点",专门用来存放在网上淘的书。每次出国开会交流,于铁军都会特意带一个承重20公斤的专用书箱,回国的时候从"据点"提一箱书回来。

购书、藏书的过程实际上是对知识、思想的获取和珍藏。对学者来说,发现并收藏一本好书,有一种充满获得感的愉悦,更是一种满足与心安。在于铁军幽默而真诚的表述中,这是一种很"过瘾"、很好玩儿的体验。有些很珍贵的书藏在民间,在街边不起眼的书摊上,或是在旧书网上,常常会有意外而惊喜的发现。他对既往北京的书摊印象深刻，逛书摊的时候买多少书倒在其次，重要的是"那种感觉很好"。

在网上找书很方便，足不出户就可以买书，这是网络时代的巨大优势。但在网上买书一般都是输入信息、定点搜索，而在书摊上买书则有一种邂逅的感觉。

早年在北大45、46楼附近的"周末书市"仍让于铁军记忆犹新，20世纪90年代读硕士的时候，那里曾是他流连忘返的地方。"当时北大像我这样的书迷有不少"，于铁军说，他的一位同学为了能淘到自己心仪的书，冬天的周末早晨天还没亮就去宿舍叫他，两个人一起拿着两个大包去书摊，"早去可以早挑，去晚了别人已经挑了好几遍了，收获就少了"。

国际政治领域的很多重要著作来自海外，于铁军在国外访学期间也抓住一切机会，如饥似渴地从阅读中汲取知识。从斯坦福大学访学回国之前，他通过海运寄回了一千五百多本书，邮寄的时候60磅重的箱子装了三十多个，花了整整一上午时间，连邮局

2018年拍摄于哈佛书店

2019年在普林斯顿大学书店

的工作人员都累得气喘吁吁，开玩笑说："以后可别再这么干了。"斯坦福大学旁边的旧书市是于铁军记忆中的"乐园"，在那里，可以花5美元买一个大纸袋，然后装上满满一袋子的书带走，不另收钱。很多现在还在用的书，比如威廉·兰格主编的"近代欧洲的兴起"系列丛书全套20卷的大部分，就是那时候5美元一袋子抱回家的。漂洋过海，珍藏于室，许多书对他来说就像多年的老友，缘分颇深。

以书为伴，走向更大的世界

对于铁军来说，读书是原初的启蒙，是毕生的热爱，也是无惧无悔的选择。

在童年时期，书籍就是于铁军钟爱的伙伴。小时候的他喜欢看小人书，每年过年发了压岁钱，第一件事就是到书店买几本书。有一段时间每天中午放学后，他就要和几个小伙伴一起绕一段路去新华书店看看，因为担心新到货的《三国演义》连环画卖没了。随着年龄的增长，于铁军的阅读范围越来越广泛，书籍为他打开了一扇面向世界与未来的窗户，也为他未来的学术兴趣埋下了种子。

于铁军的中学时期，正值改革开放的春风吹遍大地，《参考消息》《世界知识》《世界之窗》等报刊让这个爱读书的少年感到着迷，也让他对国际形势、中外关系产生了原初而朴素的兴趣。

> 现在回头看看，我觉得这些杂志像百科全书一样，告诉我外面的世界是什么样的，让我朦胧地感受到中国与世界关系的重要性。

1986年秋入学后不久与国政系同班同学游览香山（后排左一为于铁军；拍摄：谭宏庆）

他还记得1982年第一次了解足球世界杯的场景：在县城的图书馆里，桌上摆着十几份报纸，一个人坐在那儿，安静地翻看报纸，通过文字和图片了解这一世界级的运动盛会。"那种氛围还是蛮好的。"回忆起那个年代向往世界、渴望求索的热情，于铁军至今仍感到心潮澎湃。伴随着时代的浪潮，遵循内心萌动的兴趣，于铁军在高考填报志愿时选择北京大学国际政治系国际政治专业作为第一志愿，从此开始了数十年的燕园际遇，也开启了在国际关系领域的深耕钻研。

于铁军初入北大后，明显感觉到英语的听说读写能力落后于很多优秀的同学，而国际关系又是一门非常注重外语基础的学科，他决心通过自己的努力弥补外语方面的不足。当时，学校设有公共英语的必修课，国际政治系又有单独的加课，一周共有8节英语课。他一边利用学校提供的课程资源加紧练习，一边在课后广泛阅读英文著作，英语逐渐赶了上来。

于铁军近照

本科毕业后，于铁军曾前往山东财政学院任教，拥有稳定的职业，但继续读书深造始终是他心中深藏的梦想。任教三年后，他向学校提出希望继续读研，学校建议他就近报考山东大学，保留教职在职读研。但当时山东大学还没有国际关系专业，而国际关系是于铁军已然选择的人生志业，他依然希望回到北大攻读国际关系专业。因此，他毅然辞去教职，脱产考研，顶着压力复习了半年时间，几乎翻烂了"国际关系史"的教材，最终如愿再次回到燕园，投身他所热爱的事业。

现在有很多同学面对未来选择感到颇为迷茫，我有时就给他们讲一讲我当年考研的经历。只要有一个长线的目标，并愿意为实现这个目标而全力以赴，那过程中的曲折都是可以克服的。

2019 年于铁军在华盛顿参加全球智库理事会年会

重归燕园读研期间，因为专业和英语成绩优秀，于铁军入选国际关系学院的日本研究项目"国际关系研究生班"，赴日本东京大学学习，因而又开始了学习日语的旅程。如今，他已熟练掌握英语、日语两门外语，阅读、编译外文著作，主持中外学者研讨会、读书会；他始终以外语为舟楫，向更广阔的国际关系研究领域漫溯。

成为师长与学生之间学术传承的桥梁

从学多年，他从前辈师长那里汲取智慧和力量，也将国际关系的价值和魅力传递给更年轻的后辈学子。

从本科上"国际关系史"课程开始，于铁军就一直跟随袁明老师学习；硕士、博士期间，袁明老师也一直是他的导师。袁老师的研究成果、治学思想让他受益良多。"国际关系史"是国际关系学院大一年级的必修课,时隔三十多年,于铁军依然清晰地记得,当时袁明老师精彩的讲授让接触国际关系不久的他被深深吸引;而在这门课上取得的优秀成绩也给了他极大的鼓舞,让他更有信心继续在这一领域深入探索。

于铁军与袁明老师的缘分不仅限于求学期间,留校工作后,他继续跟随袁老师进行教学和研究,袁老师的"国际关系史"课程后来也由他接替讲授。知道他喜欢藏书,袁老师将自己珍藏的两百多本专业书籍赠送给他,许多书上还有作者给袁老师的题字或签名。

书籍的传承背后是学术思想的传承。袁老师开阔的国际视野、对国际交流的重视和推动,以及行云流水般的文章风格,都让于

上:于铁军和袁明老师在办公室交流

下:袁明老师给于铁军的赠书

于铁军在国际战略研究院的办公室里

铁军深感钦佩,并始终作为自己的榜样和目标。回想这些年的学术研究路径,于铁军觉得自己一直是在袁老师及其他前辈老师的指点下摸索前行的。袁老师主要的研究方向是美国与东亚,于铁军也主要从事东亚国际关系的研究,重点关注中美日三个国家之间的关系,并成为横跨国际关系理论、历史,以及美国和日本研究等多个领域的优秀学者。同时,他还担任北京大学国际战略研究院的院长,承担了大量国际交流和建言咨政的工作。

"袁老师说这个地方有意思,那我们就在这个地方再深挖一下,看看有没有拓展的空间。学术传承可能更多的是在这些方面点点滴滴地进行。"

于铁军的"宝藏"书房为国际关系学院的许多同学所熟知和向往,同学们经常到这里看书、找书,于铁军也常常将自己珍存的好书借给同学们翻阅。很多时候,这些书对同学们来说不仅是可供参考的学术文献,还常常成为学术研究中灵感的来源。

于铁军曾指导过一位北京大学—早稻田大学双博士项目的同学，在他的建议下，这位同学选择日本20世纪著名的新闻记者、外交家、社会活动家松本重治作为博士论文选题。松本重治是日本近现代史上一位非常重要的知识分子，从这一人物切入进行研究，可以关联到与当时国际局势相关的许多问题，从而窥探那个时代的风云变幻。而关于这一人物，学术界已有的研究还相对较少，拥有广阔的研究空间。经过自身的努力，这位同学的博士论文最终获得早稻田大学的小野梓优秀毕业论文奖，而关于松本重治的一份关键史料，就是于铁军在日本淘书时偶然发现并推荐给这位同学的。这位同学后来多次向他感叹，没想到这本资料竟然如此珍贵，连日本国会图书馆都没有收藏。

国际关系与政治、经济、军事、历史等多学科相关联的特质决定了自身的广博与精深，也让研究中的灵感和印证常常需要在浩如烟海的书籍中寻觅。在书籍的海洋中徜徉，投身于国际关系这一兼具家国情怀和全球视野的学科领域，成为师长与学生之间学术传承的桥梁，是于铁军学术生命中一以贯之的主线，也是他幸福感的来源。

> 要更好地理解世界、理解中国，处理好中国与世界的关系，还是要多读书、多交往。

方寸书中，可观天下。这位满怀热忱又踏实认真的学者，将会继续立足家国，放眼世界，在学术研究中践行国际关系学者的关怀、视野与责任。

章永乐，北京大学法学院长聘副教授，法学院、区域与国别研究院博士生导师，区域与国别研究院副院长。主要研究领域：西方政治／法律思想史、外交史与国际法史、中国近代政治史与宪法史、区域国别学理论。重点关注民族／国家建构与宪法变迁、帝国与国际法、政党与代表制、政治伦理与法律伦理等研究议题。

章永乐

外面，是更大的书房

文／郭雅颂

思考的过程就像摸着石头过河，渡河渡到一半，是继续往对岸走还是折返，其实你是缺乏一个明确的目标的。只有处在河中央的状态下，你才能充分考虑各种可能性。新思想是没有固定范式的。

章永乐的书房

书房是人格的对外投射

　　与想象中人文社科学者满满当当宛若迷宫的书斋不同，章永乐放在办公室的藏书并不算多。两面直抵天花板的书墙安置下他的绝大部分书籍，一面自进门起不曾间断延伸至窗边；另一面略窄些，留出位置摆放沙发、茶几、书桌，还有几摞书零散地堆放在桌面上，书房中间显得很宽敞。他直言自己没有收藏癖，且现阶段电子书足够应付他写文章、查资料的需要。不过，还是有一些非要纸质书不可的情况，"一是为了教学，没有实体书我好像没法很仔细地阅读；二是如果碰到某位作者，我会很希望拥有一本签名的实体书来纪念这种机缘"。站在书墙前审视了一遍自己的藏书,他又补充道:"我觉得严格来讲书房是跟你的人格关联在一起的,是人格的一个对外投射,或者说一个放大。有一些学者爱好藏书,会把书房堆满,成套成套的书收拾得井井有条,但我就是懒洋洋的这种,比较随意。所以不同的人的书房还真是很不一样。"

在学术上的勤奋与严谨之外,生活中的章永乐确实有些随性。比如他爱养猫,有时候会直接穿着"遛猫卫衣"和学生见面,衣服胸前设计的用来装猫的口袋拉链还敞开着。有几次参加在线会议,结束时猫咪慢吞吞走到摄像头面前,他就干脆抱起猫懒洋洋地冲镜头挥挥手说再见。虽然试图给图书编码分类的努力中途作罢,但章永乐对自己的藏书还是大致心里有数的,基本是中文书放一边,外文书放一边。哪些是自己的"业务必备",哪些是当年上学用过的,哪些是朋友暂存在这里又忘了拿走的,"用的时候还是能找到"。说着,他随手从书架上抽出几本书翻开展示,"这些是我从美国背回来的,当时虽然不太买得起,但是买了的都带回来了。这是我学拉丁语的书,这是马克思的《资本论》,波利比乌斯,罗伯特·达尔,影印版的《理想国》……"他的书集中

乱中有序的书架

在法学、政治学、历史学和西方古典学领域。博士期间上课和写论文用过的书加起来有厚厚几摞,章永乐说,自己当时"一穷二白",两手空空地去,回国时箱子里基本没装别的,就把这些书带了回来。

拥有一间书房,放喜欢的书,不被打扰地阅读、思考,大抵是每个读书人的理想生活。学生时代的章永乐很长时间没能实现这个愿望。"在北大上学的时候我还是很爱买书的,那时候宿舍很挤,我住上铺,就弄了一个小书架在墙上放书,后来书太多了,只能堆放在床上,过那种'半床书半床人'的生活。"本科毕业时这些书舍不得送人,他都想办法弄回了老家。后来出国留学,拥有一间书房更无异于奢望。"在美国读书的时候有两年特别潦倒,一度在治安很差的洛杉矶市中心租住,后来条件好些了,但是美国的书特别贵,我不敢随便买,好多时候连淘旧书的钱都没有。"好在当时学校的图书馆很慷慨,每次允许借阅上百本书,章永乐便每次都拖着一个大箱子去借书。2008年从美国加利福尼亚大学洛杉矶分校(UCLA)毕业后回到北大任教,法学院陈明楼的这间办公

章永乐书房里的照片墙

左起依次为章永乐、章冬英、佩里·安德森

室成了他第一个真正意义上的书房。他回忆那时候的自己,"像一个穷小子突然发了大财,非常欣喜"。

十几年过去,章永乐在陈明楼的这间屋子里读书、写作、思考,这里的一切早已深深打上独属于他的烙印。书房不仅是主人公人格的投射,其本身就是一个关于主人公的人生的文本。沙发后面的照片墙,记录着许多于他而言珍贵且重要的人、事、物,标记了他的成长轨迹:多年前与妻子举行结发礼的照片、UCLA 民族音乐系古琴课汇报表演时的留影、已故挚友张晓波的遗照、家族的大合影……最中间有一张他站在山顶俯拍老家浙江乐清雁荡山深处的南阁古村的照片,旁边则是一张颇具宿命感的合影——2009 年,章永乐带着自己的博士生导师之一、英国历史学家佩里·安德森回到家乡的村庄时,偶遇了他在村里念小学时的班主任章冬

2002年毕业季，章永乐在北大图书馆

英老师。扎根乡土的村里启蒙老师、漂洋过海远行求学时的引路人，还有未来即将成为他人学术、人生导师的章永乐，命运的齿轮在此开始交叉、重合。

友爱的共同体

1998年章永乐考入北京大学法学院。在他的本科时代，知识界大多以讨论理论问题为荣，青年学子受到这样的风气影响，也有很强的研究理论问题的热情。许多经典书目如果没读过，在同侪的压力之下会觉得很不好意思。"和现在知识爆炸、不知道怎么选的状态相比，我们那会儿可以读的书不是那么多，目标还是比较明确的，出了什么新书大家会奔走相告，然后一起读一起讨论。那时候韦伯的书很火，还有哈耶克、伯林、福柯这些人，后来又有施特劳斯。"彼时，北大周围有万圣、风入松等书店，学校里还有周末书市，独自一人或者约上三五好友去周末书市寻宝淘书，是那一代北大学子特有的文化生活，也是他们难以忘怀的青春记忆。

说起当年那些集体阅读的热潮，章永乐回忆起一些趣事。"刚到燕园的时候，很多同学选修经济学双学位，不修也要搞一本萨缪尔森的《经济学》供着。弄回来之后其实也不怎么读，但就是得有一本。"直到现在，章永乐的书房里还保留着一些当年跟随潮流买回来却没怎么读的书。用他的话说，这也是一种历史。书房记录了他的阅读轨迹，而个人的阅读轨迹恰好折射出个体在思想上的成长历程。"如果缺乏明确的问题意识，许多书是读不进去的。人到了一定的阶段之后，会慢慢清楚哪些书对自己来说是重要的，哪些书虽然是好书，但自己已经不太需要细读了。"从北大出发，在 UCLA 接受了扎实的学术训练后又回到北大的章永乐，逐渐在法学、政治学、历史学的交叉地带找到自己的研究兴趣与舒适区所在。

在北大读本科期间，对章永乐而言有一段非常宝贵，称得上"人生快乐的重要来源"的经历，那就是和一群志同道合的朋友一起成立了一个读书小组。每周五，这群有志于研究理论问题的年轻人聚在一起，大声朗读文本，然后逐字逐句推敲，自己提出问题，自己寻找答案。通过文本的阶梯，他们忘却了当代世界的喧嚣和虚浮，与历史上那些伟大的心灵对话。再度返回当代世界时，他们不仅收获了更多的知识，还有思想探索的快乐，以及与同行者结成的牢不可破的友谊。在那个青年崇尚自由乃至有些散漫的年代，这样一个学生自发的读书组织却存续了十多年之久。在后来的一篇纪念文章中，章永乐自己也感叹道："铁打的营盘流水的兵，一拨又一拨的学生加入小组，又因毕业而离开北大校园，但星期五读书小组的旗帜始终不倒，实属难能可贵。"

星期五读书小组既不是老师组织的、作为教学延伸的"第二课堂"，也不是若干人因为对一两本书感兴趣而聚在一起、读完就"散伙"的临时组织，而是纯粹由几个本科生自发组织的、以"自我教育"为宗旨的读书小组。它的目的非常明确：为了自己的困惑寻找答案，而不是从老师那里寻找现成的答案。他们避免出现一个知识上有优越地位的人单方面输出，而是激发每个人问道求学的积极性。它的目标非常宏伟：从古希腊开始阅读西方思想史，夯实自己的知识基础。从柏拉图、亚里士多德到霍布斯、洛克、卢梭、涂尔干……十多年间，成员来来去去，整体阅读计划仍然遵循着成立之初的设想展开。它的方法有些原始乃至笨拙：在场的人逐一朗读文本，读几段以后停下来，大家各抒己见，对文本的疑惑、对作品历史信息的补充、对作者生平与其学术研究关联性的"八卦"……讨论天马行空，却总是孕育出新思想。星期五读书小组提供的精读训练为许多人最终走上学术道路起到了助推作用，当年参加过读书小组的学子，有不少已经是学界的中坚力量。

回到北大法学院任教后，章永乐组建了"半渡读书会"。这仍然不是一个"师门读书会"，本着来去自由的原则，他自己的学生与校内外学术同好，只要感兴趣，都可以在每周日下午聚在一起同读一个具有思想启发性的文本。关于"半渡"，他解释道："这是一种思想状态。思考的过程就像摸着石头过河，渡河渡到一半，是继续往对岸走还是折返，其实你是缺乏一个明确的目标的。只有处在河中央的状态下，你才能充分考虑各种可能性。新思想是没有固定范式的。"半渡读书会选取的文本一定是所有人都不太熟悉的，有时是还没有中译版的新书，有时是新鲜出炉的论文。"如果很熟悉的话，就会变成我给大家讲课了。在不熟悉的文本里发现新问题，一起讨论，就像一群人一起到远方探险，这种未知最容易产生新东西。"在"半渡"这个小小的文科学术共同体里，有人找到了论文写作的灵感，有人找到了学术研究的兴趣，所有人都收获了友情。在这里，许许多多的讨论催生出一个无形的心系天下的气场。有学生毕业后去往其他高校任教，也在不同的城市、自己的学生中间发起了同样模式的读书会。这样看来，最初的"星期五"，不仅仅标示了那个"元小组"的成立日和通常活动日，而且指向那个荒岛上的野蛮人星期五。没有星期五，鲁滨逊丧失的不仅仅是有人陪伴的快乐，而且是人性中的许多重要部分。

无形的书房

担任北京大学区域与国别研究院副院长以后，章永乐的公务多了起来，许多工作也不得不挪到燕南园66号（区域与国别研究院的办公楼）处理。对他来说，陈明楼的这个房间、他的第一个真正意义上的书房，还有怎样的意义呢？他打了一个比方："我觉得书房就像是一个甲壳，读书的人往这里一钻就觉得很安全很熟悉。"他抬手指了指四周说："这里的书，有些是我自己编写的，有些是我读过的、触摸过的，就像猫喜欢到处蹭到处舔留下自己的气味一样，这间书房可能是我留下气味最多的地方。写东西时，我还是喜欢回到这儿，这里给我一种莫大的安全感。"说到这里，他又突然补充道："我想纸质书还是很难被取代的，因为电子书可以一键下载、清空，别人很难从一本电子书上识别出关于你的信息。可是纸质书，你能确切知道某年某月某日某地，你在某个时刻碰到了它，遭遇了它，你收留了它，你就和它发生了一种时间和空间上的联系。"

章永乐在北大法学院 2019 届毕业典礼上致辞

踏出安全的甲壳，外面是充满风险与各种可能性的世界。古人说，读万卷书，行万里路。在某种意义上，章永乐觉得，世界是一个巨大的待解读的文本，外面是无形的书房。"社会就像一个 text（文本），很多时候最大的问题是，你不知道它是一本书、两本书还是几本书，不知道是谁写的，也不知道是喜剧还是悲剧，你甚至不知道自己是读者还是主人公。这个过程就很有趣。一切都等待被阅读。"他热爱旅行，每年夏天都会组团去内陆边疆考察。他喜欢随身带着北大法学院 1983 届毕业生、诗人海子的诗集。在章永乐看来，海子是一个融入北方内陆空间的南方孩子，用他的诗歌描绘了中国高度多元的地理空间，以及其中生长出来的丰富多样的生活方式和生命秩序，从平原上的村庄、河流，远方的草原，到星辰流溢的河西走廊，长满胡杨树的戈壁。在他的笔下，不同的地理空间产生了不同的习俗、不同的法、不同的人文景观。在北大法学院 2019 届毕业典礼的致辞中，章永乐曾这样说："人们常常认为，海子留下的文字与思想遗产，主要属于中国文学界；然而，我要说的是，这笔遗产更属于我们法学院。海子的诗歌充满了对空间与法则的思考。"

  旅行总是给予章永乐许多灵感。"写作需要框架。很多时候，你的脑子里会有一些成型的、半成型的东西，但是缺乏一种形塑的力量去激活它。如何把这些材料组织起来，需要灵感，也需要付出很大的心力。世界很奇妙，出去看看，它会帮你整理。"在自己的第二本专著《万国竞争：康有为与维也纳体系的衰变》的后记中，他坦陈这本书的写作与其在欧洲的游历有关。2014年9月到2015年7月，章永乐在德国柏林高等研究院做访问研究员。那里极其宽松的环境让他有机会手持康有为的游记，拜访康有为曾经驻足过的十多个欧洲国家。2020年疫情暴发前，他在法国南特高等研究院做访问研究员，继续沿着康有为的足迹，访问十多个国家，最北去了康有为在瑞典斯德哥尔摩郊区沙丘巴登购买的小岛，他甚至准备购票前往康有为曾造访的、位于北极圈内的斯瓦尔巴群岛，因为疫情的关系而未能成行。一百多年前，康有为曾经历过国际体系的大变革，身处维也纳体系下的他，看到的是一个气吞八荒、傲视寰球的欧洲。一百多年后的世界正在经历国际体系的另一次大变动。这将如何影响中国的前途与道路？抚今思昔，章永乐非常感慨。"我的旅欧足迹尚不足康有为的四分之一，但'行路'与'读书'的结合，确实让我在康有为的诸多论述中，读出了种种弦外之音。"

  其实，对章永乐来说，年轻时前往美国留学的经历又何尝不是一场旅行。在美国的所见所闻所感深刻塑造了他的思想与精神气质。通向博士学位之路相当艰辛，大量的课程阅读和论文写作都是硬任务，每个学期熬到头都有心力交瘁之感。无独有偶，刚到美国的他又不幸碰上加州财政危机，于是录取通知书中的"全

章永乐（左二）与 UCLA 政治学系的博士生同学在一起

奖"被学校管理者"限缩解释"为不包括学费，导致他一度举债读书。为了省钱，章永乐只好租住在紧靠市中心、治安不佳的拉丁裔社区里，每天坐三个小时公交车来回。从 UCLA 挨着的富人区比弗利山，到他租住的拉丁裔社区，贫富和种族的等级差异，非常鲜活地呈现在眼前，这是对"洛杉矶折叠"的切身经历。他省吃俭用，在拿到博士学位之前还清了所有债务，然后在北京轻装开始新的生活。多年以后，他进军美国研究与拉美研究，写出获奖著作《此疆尔界："门罗主义"与近代空间政治》。在写作的时候，他的脑海中经常浮现洛杉矶街头熙熙攘攘的人群，耳边回荡着混合了西班牙语与英语的种种对话。

不仅如此，异国求学之旅还给了章永乐另一种视角看待中国社会。全新的环境挑战着个体对待事物的一切预设。曾经熟悉的

章永乐在卡洛·金兹堡的洛杉矶寓所

东西被陌生化，从局内的经历者变成局外的观察者，双重视角带来更多的可能性。"思想要丰富就需要有差异，差异又需要对比。"在域外的环境中，一个人首先需要接受不同的语言和思维方式，在做梦或许都是讲英语的情况下，再回头看过去熟悉的社会，好像就不太一样了。"比如你会思考，为什么中国的神话里面是精卫填海、愚公移山而不是诺亚方舟？为什么刘慈欣的科幻小说中对于是否离开地球并没有执念，甚至还设计了章北海这样一个执意离开地球的角色，但大多数中国电影观众会觉得'带着地球去流浪'是一个很感人的想法？中国人到底怎么理解家？这里面思想会经历一个类似远行和折返的过程，但无论远行还是折返，都是在丰富你对某些问题的认识。"这些年章永乐的研究正是如此，在对历史与现实的差异的把握中，重新理解中国，重新理解世界。

朝向中国道路的思想突围

二十多年前，还在美国上学的章永乐曾用"海裔"的笔名发表过一篇讨论留学之利弊的短文，在中文互联网上流传甚广。"但愿下辈人成长之时，已有成熟的学术传统可供继承，而不需负笈万里，受种种零碎之苦。"他在文章结尾处写下的这段希冀，当时曾引发许多留学生的共鸣。19世纪以来，一批批心怀理想的中国青年负笈海外，为中华之崛起而读书，上下求索"旧邦新造"的道路。但在外国的学术体制内做学问，为了寻求承认，必然会从既有的理论范式出发，留学生常常难以避免套用既有的理论范式，形成某种思想的"路径依赖"，以致以他人为参考系而将自身客体化，阻碍了对中国文明自身的价值观和理想图景的深入探讨。本科时，受到许多20世纪八九十年代出国留学，后又回国任教的"50后"学人的影响，章永乐已在模模糊糊中萌生一种宝贵的中国主体意识。这种意识在他的留学过程中日渐明晰，并成为他日后学术生涯中思考的原点。

2003年初入UCLA时，和那个年代大多数赴美攻读政治学专业博士学位的学生一样，章永乐被分配了研究中国政治的美国导师，实际上是被期待在美国的"区域研究"中做一些为美国理论提供中国素材的工作。然而，他很快转向直接研读西方经典文本的政治思想史研究，选择当时刚入职UCLA政治学系、曾经担任约翰斯·霍普金斯大学古典学系主任的茱莉亚·西萨担任导师。这一转向，一方面与他在北大读本科时对理论产生的兴趣有关；另一方面，更重要的原因在于，在美国研究比较政治学，几乎绕不开"民主/威权"这样一种二元对立的理论框架，尽管许多人致力于为这两个概念加上各种限定词，但一旦接受这种二元对立的框架，无论是古代中华文明，还是20世纪中国摸索出的中国式现代化道路，许多经验都无法在其中获得恰如其分的表达和理解。相比之下，研读希罗多德、修昔底德、李维、波利比乌斯和马基雅维利反而让章永乐感到更为舒适，因为他们与当代中国及当代西方都有一定距离，在这一领域，他可以专注于对西方文明的自我理解，完全不必与老师和同学因为对当代中国的不同见解而争论。当然，他经常会遭遇到一些老师和同学的困惑。毕竟，一个中国学生去美国啃那些用今人已经读不懂的语言写的经典著作，比一个美国人来中国研究《春秋》和司马迁有更大的难度，会被认为是放弃自己先天的比较优势，走了一条吃力不讨好的道路，未来可能很难在美国找到工作。但他始终觉得自己的土壤在中国，从一开始就没有打算在美国工作。深入西方学术思想传统的源头，将西方文明作为一个内部充满张力和断裂、不断寻求重新自我整合和自我表述的运动体来理解，正是让他觉得最能够发挥留学价值的方式。

正是在这个方向上，章永乐遇到了若干在学术上给予他重要影响的教授，首先是西方马克思主义史学的重镇佩里·安德森和微观史的重镇卡洛·金兹堡。"我之所以被他们吸引，一个很重要的原因在于，他们对20世纪中国的许多探索与努力怀有深深的敬意，这与西方中心主义的'接轨论''转轨论'者存在天壤之别。"在金兹堡教授主持的马基雅维利研讨班上，他们经常花两三个小时讨论一小段文字，比较不同的研究路径给出的解释，庖丁解牛式地探讨它的作者如何生产出这些文本，针对什么样的听众，提出了什么样的问题，给出了什么样的答案，包含什么样的盲点和内在矛盾……对经典文本的批判式阅读是章永乐在美国留学期间学到的最有价值的东西。而在佩里·安德森的引导下，章永乐开始将写书评作为一种重要的知识活动。为他人写书评，论述的主题未必是自己熟悉的，为了言之有物，就必须加强学习，把握相关领域的学术脉络，这就为章永乐接触和进一步思考"古今中西"问题的各种理论范式提供了契机，也让他的思考不断越出既定的学科建制，向着更广阔的天地生长。

还有一位教授是在十几年之后，才对章永乐的思考与写作产生重大影响，他就是导师委员会中的另一位著名学者、剑桥学派的代表人物之一、帝国思想史的重镇安东尼·潘格登。当时章永乐对帝国思想史并不感兴趣，邀请潘格登进导师委员会，考虑其实很简单：潘格登与茱莉亚·西萨是学术伉俪，平时也非常和蔼可亲，从来不会为难学生。等回国若干年之后，问题意识的自然发展将他带向"帝国与国际法"研究，他突然意识到潘格登原来是一座高山、一条大河，也懊悔自己没有利用留学的机会好好聆教。他带领着半渡读书会的师生，研读了潘格登的若干经典著作，并在自己开设的通选课"公法与思想史"上使用了潘格登解释西班牙萨拉曼卡学派的文本。2023年，他发表了一篇研究托克维尔的殖民主义思想与中国道路之间关系的论文，而这篇论文的基础就是他在潘格登研讨课上的课程论文。新冠疫情期间，他参加了潘格登的一场在线演讲并担任评议人。他在发言中表达了对教授的思念与敬意，但同时也直言不讳地表达了一些学术观点上的分歧。而在另一项研究中，他回应了佩里·安德森对于维也纳体系的研究，提出并论证了不同的主张。他相信，亦步亦趋并不是对授业导师真正的尊敬，一个学生能够献给老师最好的礼物，是有实质性推进的学术思想作品。

自2008年留学归国以来，章永乐的文章与专著涉及宪法史、国际法史、西方政治/法律思想史、中国近代政治史与思想史等诸多领域，也在区域国别研究中留下了自己的学术印记。他思考近代中国"法统"的断裂和延续，梳理宪法、儒家经学与国际体系的关联，勾勒"门罗主义"话语的全球旅行轨迹，探讨现代

章永乐已出版的五本专著书影

性、全球化、帝国、民族国家、主权、民主、贤能政治、历史叙事……但这些探讨终究指向对于全球秩序之下的中国道路与中国文明的思考。章永乐在北大的法学本科教育下完成学术思想启蒙，负笈美国获得政治学博士学位，又师从西方历史学名家，对他而言，法学、政治学与历史学，都是有归属感并躬耕不辍的学科领域，"一个都不能少"。无论在具体的写作还是在所承担的学术组织工作中，他的思考都是问题导向的、跨学科的，不断探索"理论掘进"。他的第四本专著《西途东归：朝向中国道路的思想突围》的副标题或许极好地概括了他一路走来的思想轨迹，而他眼中的"中国道路"同时又应当是一条有"天下"抱负的、通达人类共通经验的道路。他在这本书的自序中表达了自己的愿望：期待越来越多的同行者，克服疲惫，振作精神，基于"世界之中国"的经验寻求新的共通性理论，将这条"西途东归"的路走下去。

理趣

书房是通幽小径,循迹独往,却能思接千载;读物构筑成生命史,一言未启,便已烛照万物。理致在思辨中廓清,历历悉见,也勾勒迢迢长路;岁月在书房中沉淀,留下丰富的恒常、思想的锚点。

孙明，北京大学历史学学士、北京大学—香港中文大学历史学博士。现为北京大学政府管理学院政治学系长聘副教授。主要研究领域为明清国家与社会、中国政治思想史、中国政治制度史。著有《生逢革命：辛亥前后的政治、社会与人生》《治道之统：传统中国政治思想的原型与定型》，以及书评随笔集《生活的史学》。

孙明

书山有径寻"治道"

文 / 隋雪纯

学术因专攻而深入,生活因丰富而精彩。

2003年初秋，四川省档案馆来了一位年轻的访客，他叫孙明。这位来自北京大学历史学系的硕士生每天早到晚归，查阅并抄录巴县档案，奔波持续一月之久。

年轻的孙明并不知道，自己日后会成为一名北大政府管理学院的教师；更不会想到，彼时一笔笔整理誊写的档案史料，在二十年后的2023年，会依旧完好地保存在燕园一角、他的书房中……

从大学二年级起，孙明开始对晚清政治史感兴趣，并在研究生阶段选择中国近代史作为研究方向。当时，孙明注意到一位名为赵尔巽的晚清官员，这位同治年间的进士，于光绪三十四年调任四川总督，赵尔巽的档案中留下了地方治理与社会发展的记录。这成为孙明进入晚清地方治理与乡村政治史研究的开端。

读研后的第一个暑假，孙明开始查阅"赵尔巽全宗档案"。为此，他频繁往返于学校和位于东城区的第一历史档案馆之间。每次往返都需要转乘多次公交车，花上两个多小时。这种类似于通勤式的资料积累过程，孙明坚持了将近一年时间。

除了这份全宗档案之外，孙明还追随赵尔巽的人生轨迹，把目光投向四川。为更清晰地梳理四川团练的相关问题，2003年孙明又在四川省档案馆进行了一个月的通勤式档案查询和积累。

从初窥门径到日益精深，二十年来，孙明多次专程赴四川省档案馆查阅光绪、宣统两朝的巴县档案，到成都、南充、内江、威远、新津、双流等地查阅清代行政档案、传世文献和民间资料；前后几次精心抄录、复制的档案都被孙明整齐地码放在书房的文件柜里，不仅是他硕士、博士阶段和从教后进行研究的重要资料，也成为他构建书房和学术生涯最早的"砖石"。

晚清四川团练及政治制度、地方治理的研究，纵横关涉思想史、制度史和社会史，而这三个维度也成为如今孙明书房中书籍的三大门类，阅读与收藏的范围又不断向上推展到宋明、汉唐，以至三代。

在这 23 平方米的书房里，从上古三代秦汉三国六朝文到清人别集，从经史之学到艺术图像，从古代典籍到今人著述，皆井然有序地排列，填满书架几乎每个缝隙。几个靠墙的书架并没有通顶，但一摞摞书籍却填补在架顶和屋顶之间，几乎成为房屋的第二面"承重墙"。书中的标注和批点让岁月流逝有痕，也编织起

孙明书房细节

孙明在书房中

孙明学术研究的经纬,他在其中寻绎过去世界的奥义,探索着面向未来的符码。

"书似青山常乱叠",孙明的友人曾借用清人联句书赠共勉。孙明觉得很合适:"我的书不以'册'计,换个度量衡思路,以'叠'为数。"

四川地方社会与行政是一叠,同光士大夫社会是一叠,中外制度史是一叠,中国政治思想史是一叠,社会史是一叠,政治学及其他社会科学是一叠……书山层峦叠嶂,思考一路蜿蜒。

他以历史为基石、以四川为原点切入学术门径，并逐渐将整个中国的政治、社会与思想纳入研究视域，既关注制度本身，也重视人在其中的实践，目光所及，是更加广阔的历史流变与百态人生。

自称"史学票友"

因为有一段时间不能专心学术，孙明戏称自己是"史学票友"。他自本科起接受北大历史学系严格的科班学术训练，现在北大政府管理学院执教，"史学票友"又多了一层涵义。

看似"跨界"治学，但历史学的根柢，与孙明现在所进行的政治学研究颇为相通。中国政治制度和地方治理原本就是他多年深耕的领域，而政治学本身也有政治制度史、政治思想史的研究范畴。孙明认为这是政治学的学科智慧。虽然政治学较历史学的研究范式而言更重视理论和结构层面的探讨，但政治学理论实则来自对既有社会活动和政治现象的总结与反思，从事实到理论、从具体到抽象的过程不会终结，不是线性的，而是循环往复、未有穷期。理从事出、理在事中，将"理"与"事"对观对勘，"参互成文，合而见义"，才能"两全其美"。多样时间与空间的政治制度史、思想史研究，正是这个过程的必要组成部分，会不断生成不同于已有认知的新思考，扩充政治学理论的容量，推展政治学理论的边界，开放、活跃和深化政治学的认识。因而，从"历史"跃入"政治"，也尚在"行家本色"之中。

在历史系学习时，孙明更多着重于事实层面的思考；而到政府管理学院任教后，他更关注能否从中抽绎出结构性、逻辑性的线索，以历史材料为本，回到"当时的逻辑"。传统中国的义

孙明近照

理史学和现代社会科学融会互缘,从史料求史识,"义理从训诂出"。他一直认为政治与政治学是"活泼泼的","活"在历史与生活的丰富性、复杂性和实践感之中。在重视社会科学理论的同时,力求避免使中国的政治与治理成为某种理论的应用或证伪之物,也避免具体处境和复杂情形被简单化。

孙明将研究者比喻成毛巾,每个学者真正的所得都是有限的,"做一辈子的学问,就如同将水拧干后,毛巾剩下的体积"。"求实"是他治学的重要原则,他主张去浮存实、去伪存真,通过史料扎扎实实构筑过去的世界,对政治史和社会史的制度研究发展推进做出踏实的贡献。以史料为主,辅以田野工作,是他探寻往昔政治世界的基本方式。

只有泡在资料中,才能构筑和想象当时的基层行政世界,才能明白其中人的思考和行动逻辑。为此,他重视不同门类文献的阅读和爬梳,综合利用朱批奏折、军机处录副奏折、地方行政文书等政府档案,并结合地方志等编纂著作、族谱等民间文献,力求复现特定的社会发展面貌,并触及官绅之下的小民生活。"每一种材料都来自一个小世界,体现一种逻辑,把不同的材料放在恰当的位置上,才能拼合出整个世界,看到这个世界的统合机制和整体逻辑。"多看、多走、多体会,从现象中思考出更加本质的所在,并与不同的解释传统充分对话。

作为老师,孙明承担了"中国政治制度史""中国近代政治思想史"两门课程的讲授。他以自己对中国政治传统与近代转型的思考提领整合基本知识、经典研究和前沿动态,希望既为学生建立起完整、系统、通变的制度史和思想史知识体系,又引导学生进入深沉而生动、精密而立体的政治世界,鼓励学生提出自己的想法。

这种不言自明的孜孜以求、师生授受和学脉相承的使命感,正来自求学、任教的岁月中孙明感受到的北大"明道"精神:人人相感,彼此真诚,这座园子——特别是通过她的历史,既给人以明确的方向感,同时也鼓励每个人发出自己的声音,这正是孙明所理解的北大"兼容并包"的意蕴。

了解整个河流的逻辑

孙明的书房里有一个带轮子的"书车",专门放置与自己近期关注的学术论题和研究方向相关的书籍。目前，他主要聚焦的问题是清代中期的发展逻辑及其面对的困境，关注特定时代条件下制度无序生长的真实状态。

中国社会和治理运行的逻辑是什么？是什么让我们走到今天？

对以上问题的追问，正是推动孙明不断求索的动力。了解"我们"何以成为"我们"，从清末民初的社会来进行反思是一个比较合适的视角，这也是他选择近代史作为研究切入点的重要原因。现在，为了看得更清楚一些，他将时间向上推移到清中期。

在思考"何为中国"的过程中，他落脚在"何为中国制度"，基于具体实证研究提出"制度语境"的概念，即制度深植于社会之中，并形成一种可以用"氤氲"形容的"化合作用"。基于制度所形成的思想观念、文化和行为模式等，影响着国家行政、社会构造以及人的思想与生活。

制度型态不仅在与社会的化合中生成，也在思想观念中生发。近年来，孙明继续穷本探源，探析传统中国的制度观与制度论，追问制度背后的"治道"理想型，撰成70余万字的《治道之统：传统中国政治思想的原型与定型》一书。

在研究中孙明发现，"道统与治统二分"等既有认识或许误解了"道统"的本意，成为认识中国治道的"理障"，而其关键是如何看待与勘破"制度之治"。为厘清这一重大问题，他兼顾思想史、政治史、礼制史、学术史、意识形态史等相互关联的侧面，一路"向上追"，从古典时代"圣人""（制）作—述"等具有政治内涵和实践属性的治道概念的递嬗转进，揭示了贯穿古代中国政治和思想史的线索，从而进一步理解了中国制度何以如是。也正是用一本书的篇幅来思考一个问题的努力，以及不中规矩的笔法，才富有质感地描画出"治"与"道"、政治与思想密不可分、相即相应的内在关系及其历史表现。

2023年6月出版的《治道之统：传统中国政治思想的原型与定型》书影

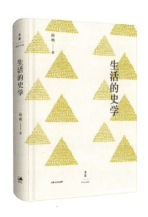

《生活的史学》书影

不仅要见到一瓢水，更要了解整个河流的逻辑。孙明主张在研究中"做加法"，打破学科、专业的藩篱，"我是东西南北人，整体、关联、互动地理解政治的实然和所以然。因为政治、制度和历史本来都是立体多元的，所以对它们的观照也不能仅从现代学术门类的'一亩三分地'着眼。"

他相信只有潜心体认当时、当地、当事人的逻辑，才能重建整体社会中的政治，接近一种有分寸感的、妥帖圆融的境界。融合制度史、政治史、思想史与社会史研究的多重视野，试图观照政治及制度设计在一个社会总体语境中的境遇，构建"有政治的社会"与"社会中的政治"；将区域情况与国家背景结合起来，考察一种制度和组织如何在行政、社会中与各元素结合，发生奇妙的变化；将圣贤、君臣与小民的言行合而观之，既看到"制度中的人"，也看到"人面对的制度"，呈现"理想的制度"和"制度的实践"。他重视开放和会通，在增加研究厚度的同时，拓展其广度，获得新的视角和能量，而这也是北大政治学的重要传统。经由"厚"和"多"，接近政治的本相，从而更"通"一点。

多开几扇门

多年前的某一天，孙明没有从例行的道路，而是从另一条小路穿过北大南门的小区。在那里，他看到附近电脑商贩聚集就餐的热闹街市，热气腾腾的生活感令他震撼。"我打开的门太少了，看到的世界是窄窄一条儿，因为狭隘而抽象，竟致与事实不符。这辈子应该多开几扇门，都体验一下，一定会各有各的精彩。"

这就是孙明所理解的"生活的史学"，他也以此为自己的历史阅读随笔集命名。

"学术因专攻而深入，生活因丰富而精彩。"生活的史学，是一种方法和态度，一种对于人生和历史的感觉。从生活着眼，方能够对历史和政治产生"真了解"。他认为，尽量客观地去重建历史，是为了将生活镶嵌到不那么走形的风景中去。

孙明主张在生活里感知社会的逻辑脉动。在自贡，他坐在老乡的摩托车后座上，走访保路运动中的会议旧址；在内江，他借宿养老院，只为向地方文史工作者请教，亲见和抄写珍贵史料；在威远，他登门拜访被他写入研究论文中的刘香亭的后人，并得以阅览家谱。在清末曾经发生民变的集市，看到人来人往的寻常生活；在自己研究过的乡场，看到当年辐辏四乡少年的小学校；人间有古今，从今天看到昨天，有一种莫名的感动。"田野无疑能给人近距离的感受，从而触发重新认知历史的机关。"

孙明将历史学的田野工作视为建立对过往政治世界立体认知不可缺少的过程，他力求从时人的言行逻辑中找到解题之径，从他们面临的体制、生发的议论、行政的规矩和社会生活的实际中归纳"当时的逻辑"，提出非预设的问题、非隔阂肤廓的论点，感受生动鲜活的历史人生。

生活的史学，也是孙明对过去世界的运笔方法。他希望在自

《生逢革命：辛亥前后的政治、社会与人生》书影

己的叙述呈现中能够看到丰厚、立体的生活样貌，从中触动新的理论感觉，在不同学科的启发下提炼出逻辑性的认识。大学的时候，他最初遇到也至今喜欢的三本书是陈寅恪《唐代政治史述论稿》、马尔克斯《百年孤独》和黄仁宇《万历十五年》。第一本让他懂得充分尊重史料提供的语境之重要，第二本启发他人类生命和历史之间隐秘甚至"魔幻"的联系；而在自己提笔书写时，他则常常回想起《万历十五年》，也尝试用生动有趣的方式呈现中国历史，通过人物命运凸显历史之场。书架上清末民初各类档案、县志、文集乃至族谱中的人物在孙明笔下日益生动，最终汇聚成《生逢革命：辛亥前后的政治、社会与人生》。在这本十多年前出版的书里，他关注辛亥革命前后的四川地域作为革命者的"普通人"，无论是矿工、绅商、学生、先生，还是不知名的小市民，都成为孙明笔下革命史的主角；历史与研史彼此辉映，故纸堆中走出新的故事，他为自己关切的"芸芸众生"和"大历史"中的生活"小历史"找到了位置。

2019年初冬，孙明再次来到四川，重访成都新津，完善之前所调查的档案卷宗，记录下更多小人物的遭遇，在新城市远望旧世界。他说，在未来的研究计划中，将会重新"回到四川"，回到这一处并非他的家乡，却已经深深与他的生活和研究相互观照的地域。

而当初那个硕士生好奇打量、开拓和书写的世界仍然是他时时回溯的河流，他把吉光片羽、档案史料带回书房，"不必管日升日落"，在那里，万物生长。

邱泽奇，北京大学中国社会与发展研究中心主任，北京大学数字治理研究中心主任，北京大学中国社会科学调查中心创办主任。曾获第八届高等学校科学研究优秀成果奖（人文社会科学）二等奖、国家图书奖提名奖、中国出版政府奖图书奖提名奖、北京市高等教育教学成果一等奖、北京大学教学成就奖，教育部一流本科课程主持者，教育部国家精品在线开放课程主持者。

邱泽奇

读经典，
读社会，
读时代

文/
吴纪阳

把自己的粮食变成更多人的粮食，
让学术成为社会发展的动力，成为
更多人"粮食"的来源。

"我与社会学的相遇,是命运的安排。"从偶然的邂逅到坚定的选择,他与社会学的故事已经走过了近四十年的光阴。他是跟在费孝通先生身边时间最久的学生,是将社会学理念和方法传递下去的老师,也是坚持"做对社会有用的科研"的学者。从经典之书到社会之书、时代之书,阅读这"三本书"是他学术生涯中一以贯之的主题,也是他始终坚守的志业。

读经典:熟知农业古籍

> 我们这一代人大概有一个共同的特点,就是做一件事,总希望把它做好,要么就不做。要尽最大努力把事情做好,那只有下功夫,没别的选择。

邱泽奇的童年在江汉平原的一个小村庄里度过。在20世纪60年代的乡村,读书是一件奢侈的事。他读到的第一本课外书,是三年级时邻居家用来盖大米坛子的《三国志》。他偷偷把书从坛子上拿下来,回家翻看,虽然繁体竖版的文字艰涩难懂,但其中竟然有很多人物和故事,年幼的邱泽奇被深深吸引着。在书籍匮乏的环境中,他找到什么书就读什么书,对书籍形成了一种朴素的亲近感。

在邱泽奇的回忆中,他和同时代许多人的命运一样,都是被时代浪潮推着走的。1978年恢复高考,他考入华中农学院荆州分院,学习植物保护学。那时,只有16岁的他对自己将要进入的学校和专业都不了解,但仍然很高兴,因为有机会尽情读书了。

毕业后,他被分配到湖北省黄梅县的国营龙感湖农场当农业技术员,而继续读书始终是他内心的愿望。工作期间,他担任了

邱泽奇与其硕士生导师缪启愉先生合影

中国农业科学院植物保护研究所研究员徐映明老师在农场做大田实验的助手，徐老师很欣赏他的能力，鼓励他报考研究生，并给他寄来中国农业科学院研究生院的招生简章。在招生简章中，他发现了农业古籍整理这个专业，觉得这个专业应该是以读书为主的，于是就报考了这个专业，并被顺利录取，师从著名的农业古籍专家缪启愉先生。

硕士学习期间，由于中国农业科学院没有专任教师，邱泽奇被分派到南京农学院修读基础课。农业古籍整理专业需要系统学习古籍知识，他所在的研究室和南京大学协商，将他送到南京大学的中文系、历史系、考古系去修课。在南京大学，邱泽奇接受了中国古典文献研究的系统训练，包括文字、音韵、训诂、校雠、版本、目录、方言、历史、考古等课程，授课老师也都是这一领域的名家。

农业古籍专业的学习确实为邱泽奇提供了一个遨游书海的机

邱泽奇手写的硕士论文

会。与农业相关的记载分散在各种典籍中，翻看通用的古典文献，搜集与农业相关的内容，是邱泽奇硕士学习期间的主要工作。为了撰写硕士论文，他读了几屋子的线装书、手抄文献，卡片做了一千多张。最后完成的硕士论文《汉魏六朝岭南植物"志录"辑释》近二十万字，手写抄改了三遍。论文的手写版至今仍被他珍藏在身边。

> 农业古文献的学习对我后来的社会学研究有很大帮助。农业发展从古至今是一脉相承的，理解小农经济在古代中国的长期发展过程，对于理解今天的农业、农村非常重要。

在读书上花了这么大的功夫，邱泽奇本以为自己会像导师缪启愉先生一样，成为一名中国农业古典文献专家。然而硕士毕业后，命运再次和他开了一个"玩笑"。他被分配到华中农业大学，在农村社会学专业任教。就这样,邱泽奇"误打误撞"地进入了社会学领域,这也让他在读经典之书的同时,开始将目光转向广阔的社会,阅读社会这本大书。

读社会:从乡村来,到田野去

> 从对故纸堆的向往到对探索乡村发展的兴趣,只隔着一次带学生实习的机会。

在农村社会学专业,邱泽奇负责给本科生讲"社会调查与研究方法"课程,并在课程结束后带学生到农村进行调查。与邱泽奇之前去过的苏南乡村相比,他这次带学生去的湖北乡村更穷,农民生活更苦。

> 从农村出来的学生,对村民疾苦有一种天然的敏感。城乡差距、地区差距里呈现的村民疾苦让我似乎发现了一点社会学学科的价值和意义,能不能为改变村民疾苦做点事儿?

在这种朴素心思的推动下,邱泽奇回到学校便钻进图书馆,阅读了大量农村社会学领域的文献。在这个阶段,他读到费孝通先生的文章,遇到了影响自己一生的学者和思想。

邱泽奇最早读的是费先生在《瞭望周刊》上连载的小城镇系列文章,如《小城镇大问题》《小城镇再探索》《小城镇苏北初探》《小城镇新开拓》等。第一次读费先生的文章,他震惊于这些通俗的文字中蕴含的丰富社会道理和严谨科学逻辑。也是从这里出发,他展开了对费先生作品的搜索,也展开了对贫困与发展文献的积

邱泽奇的书房

累。他有一个贫困与发展专题的笔记本,记得满满的,各种文献都有,如世界体系论、现代化理论、资源依附理论等;经济学的、社会学的、政治学的,只要是涉及发展的文献,能搜到的,他都认真读过并记过笔记。

在追踪费先生文献的过程中,邱泽奇逐步萌生了一个新的目标:跟费先生读书,学习他把学识转化为促进乡村发展的窍门。他鼓起勇气报考北京大学社会学系的博士研究生,非常幸运地得到了跟随费孝通先生学习的机会。

> 我历来主张实地调查,不能单靠书本。要到农村里去看中国的农民是怎样生活的,他们有什么问题……出主意、想办法、做实事、做好事。
>
> ——费孝通《志在富民》

在费孝通先生实地调查思想的指引下，邱泽奇的博士研究生基本上是在田野里读的。刚一入学，他就收到通知跟随费先生到武陵山区调查，一去就是一个月。武陵山区是中原到西南高地的过渡地带，是湖北、湖南、贵州、四川四省交界的中高台地，不仅是贫困落后地区，也是少数民族地区。此后，费先生只要外出调研，总是会通知邱泽奇。他跟随先生去了不少地方，除了每年春天去苏南之外，还去过浙江、上海、广东、湖北、山东、河南、河北、甘肃、辽宁、内蒙古、四川等地，每年差不多有一半时间跟随先生在外调研。

邱泽奇在书房中

> 他（费孝通）关注的问题，归纳起来就是两个字——发展，中国的发展。他一辈子在中国的田野上走，就是因为有一股不服输的劲头，有一个希望中国能够富强起来的心愿。

谈及费孝通先生"志在富民"的精神，对中国社会发展的深切忧虑和热忱愿望，以及奔走乡野、平易务实的学者态度，邱泽奇至今仍钦佩不已，为之动容。

邱泽奇的博士论文也是费先生在调研中交给他的一项研究任务。20世纪90年代初期，国有企业改革正在进行中，遇到了许多现实问题。费先生认为，在普遍的现实问题背后一定有理论逻辑，国有企业改革不只是改革生产和销售方式，从计划体制向市场体制转变也不只是经济活动的变革，同时还牵扯一系列社会的变革。

当时，邱泽奇跟随费先生到甘肃省白银市白银公司调研。费先生注意到资源型企业转型与国有企业改革形成了交集，多重难题纠缠在一起，于是，他让邱泽奇在博士论文中探讨这类国有企业改革面临的挑战。白银公司紧邻甘肃省景泰县，黄河穿越景泰县而过。在白银公司调研期间，邱泽奇跟随费先生去了一趟黄河的景泰县段。在河堤上费先生眼望滚滚流逝的黄河水，把他拉到身边，让随行人员给他们拍了一幅合影，嘱咐他把资源型企业的故事说清楚。

> 写一篇博士论文是我读书的程序性收获，更是我与北京大学社会学从相识到相知的开始。20世纪90年代初期是中国改革开放的关键时期，社会学系的师生们关注中国经济，更有关注中国社会的家国情怀，这些都给了我激励和信心。

邱泽奇　　　　　　　　　　　　　　　　　　　　　　　　　　123

1992年秋，邱泽奇与费孝通先生摄于调研途中（甘肃省景泰县黄河边）

读时代：以调研追踪国家发展

在关注技术的背后，还是费先生的主题——发展，尤其是中国乡村的发展。

1996年，邱泽奇要去新加坡和美国访学。临行前，费孝通先生专门为他手书了清代诗人黄景仁的诗作《太白墓》，诗中有"应是鸿蒙借君手"之句。在费先生看来，社会学者的文章"不是自己写的"，而是时代借我们的手来记录它所经历的变迁。他嘱咐邱泽奇："多读、多思考、多写，若能鸿蒙借手，就不要荒废了机会。"

多年来，从海外访学到重回燕园，邱泽奇的研究始终紧跟时

费孝通先生为邱泽奇手写《太白墓》

代的发展。21世纪以来,技术和数据在社会生活中扮演着越来越重要的角色,也日益成为社会学研究不能忽视的面向。在阅读经典、阅读社会的基础上,邱泽奇再次开始阅读并钻研数据这部极具当下时代特征的"无字之书",致力于从数据中读出时代的脉搏和社会的关切。

那么,如何建立公开、可靠、高质量的数据库,为社会学研究提供数据支撑呢?2006年,北京大学中国社会科学调查中心成立,邱泽奇是首任主任。至今,中心已经开展了19年覆盖全国的调查研究,调查所产生的数据如实反映中国社会、经济、人口、教育和健康的变迁,为学术研究和公共政策分析提供了基础。

中国家庭追踪调查(China Family Panel Studies,CFPS)是中国社会科学调查中心的三个大型社会调查项目之一。项目通过随机抽样划定了16000户家庭作为目标样本,覆盖全国25个省区市。这16000户家庭中的所有成员及衍生成员被称作"基因成员",他们都会被纳入项目调查的范围,是项目永久追踪的对象。在如此

2009年,邱泽奇组织中国家庭追踪调查追访测试访员培训

大的范围内进行"永久追踪",还要面对人口流动、家庭变迁等一系列不确定因素,调查的难度可想而知。作为项目发起人之一和第一任负责人,邱泽奇曾坦言:"创建中国社会科学调查中心是我人到中年后进行的一次无比艰辛的尝试。"

在排除万难、持之以恒的调查背后,是邱泽奇等北大学者以数据为蓝本,读懂中国社会的决心。最初选定的16000户目标样本,2022年时已增加到22585户。数据增长源自家庭的成长,印证着中国社会的变迁与发展。而这项调查所得的数据,为大量社会科学研究提供了坚实的支持。

淘宝村、数字经济、禁毒项目、艾滋病防治项目……从社会经济的发展,到社会问题的观照,邱泽奇始终聚焦于调查研究技术和信息技术的应用对于现实社会的影响。近年来,邱泽奇将研究重心倾注在"数字社会与经济"的研究中。他认为,数据的确是重要的生产要素,中国要想在数字时代取得数字社会经济发展的先机,就必须进行制度创新和技术创新。

2004年，邱泽奇在中英预防艾滋病项目四川省德阳市调查现场

2014年，邱泽奇带队到乌干达金贾医院调查中国对乌干达医疗卫生援助情况

几年前，北京大学数字治理研究中心成立，邱泽奇担任主任。中心聚合了多学科背景的学者共同研究数字社会经济，承担了国家相关部委的课题，并在核心期刊发表了数十篇研究论文和若干智库报告。2013年，由张平文院士和邱泽奇共同编著的《数据要素五论》出版。在数字经济越来越多地影响社会发展的今天，邱泽奇和志同道合的学者们的研究正加紧进行。

2015年，邱泽奇带学生在西藏自治区调研

2017年，邱泽奇带领学生在山东省曹县进行农村电商调研

在关注技术的背后，还是费先生的主题——发展，尤其是中国乡村的发展。如果说有什么拓展，可能是对从工业社会到数字社会变革的关注。其实，不是我的拓展，而是时代变了，时代赋予我们的责任变了。通俗地说，费先生关注工业化对社会发展的影响，我关注数字化对社会发展的影响；时代使命令费先生更多关注中国社会，时代发展则让我有机会进一步观察人类社会。

从古籍文献到乡村田野，从工业发展到数字经济，邱泽奇始终传承着费孝通先生"经世致用"的学术理念，致力于做"对社会有用"的研究。这位既怀有热忱和责任感，又富有时代感和创新意识的学者，依然在经典的世界中遨游，在广阔的乡野中奔走，在社会学研究最前沿的地方探索开拓，为中国社会一点一滴的发展孜孜以求。

就像他在纪念费孝通先生的文章《作为"粮食"的学术》中所言："把自己的粮食变成更多人的粮食，让学术成为社会发展的动力，成为更多人'粮食'的来源。"

程美东，北京大学马克思主义学院教授、博士生导师、马克思主义中国化研究所所长，北京市哲学社会科学研究基地——中国化马克思主义发展研究基地负责人兼首席专家，北京大学中共党史研究中心主任。主要从事中共党史、近现代社会思潮、马克思主义中国化等问题的研究。

程美东

一室之间,荟百年峥嵘

文 / 唐儒雅

为什么活、如何活、为谁活——这是青春韶华里读书的重要动力所在。

他是中共党史专家，注重史论结合，专心以点线面立体结合的方式展现中共党史中的重要场景和发展逻辑，以此深深悟察这段独特百年历史的政治文化精义，以科学的态度阐释中国共产党的价值观。他就是马克思主义学院的程美东教授，秉持立德树人的使命，离不开以史为基的坚守，离不开一室所藏之学问。

进入程老师家的书房，扑面而来的是靠墙而立的两列长长书柜。秋日的暖阳透过整面落地窗，洒在两侧古朴的实木书柜上，与书页间的智慧光火交相辉映。一本本封面各异的书籍，一套套系统的大部头，并非简单地码成一排排，而是按照一定的门类叠放着，纵使是通顶的书架，依旧被填得满满当当，似是尘封于案卷中的历史将要溢出，更有贯古达今的厚重感。

除了家中的开放式书房，程美东教授还在办公室中特意添置了一面墙的书架，以及大量储存于电脑和移动硬盘中的电子书，他说，"这是安身立命之本"。小小一室，百年峥嵘岁月于此间荟萃，历史的经线与思想的纬线纵横交织。

从小书柜到大书房

程美东爱书，穿行其书房间，似与一段段过往的时间刻度擦肩，又如与无数名宿闻录相遇……

收集图书，可以说是所有学者的共同爱好，程美东教授自然不例外。

在电子书没有兴盛起来之前，逛书店是他的生活内容之一。

2000年前后，周末的一个重要消遣场所就是书店，西单图书大厦、海淀图书城、甜水园图书市场，隔一段时间不去就觉得有点空落。

拥有一间独立书房曾经是他的憧憬。"20世纪90年代刚到高校工作的时候，特别想拥有一间自己的书房，那时只有两个小书柜。"后来经济条件好转，有了新房子，为了扩大书房空间，程老师在装修上费了不少工夫，最终形成如今比较敞亮的开放式书房。

深夜静谧时分，每当翻看党史图书资料，抚摸着历经岁月洗礼的书籍，心间总充盈着快意的满足。"很多人说收藏文物的人是'败家子'，我想买书亦如此，因为这些书呀，一旦买回来，就从来没想过要卖掉，就像是孩子，陪在自己身边，是属于自己的。"

从纸质书到电子书

看着一点点收集而来的书籍，像是掠过一次次惊喜邂逅的时刻，那边勾连着历史的车辙，这边连接着程老师的书意人生……

也许是专业特色所驱，程美东的藏书，不重稀有，而重全面、系统、真实。

他书房里的藏书，大多是国内正式出版的图书，再加上少许淘来的资料。从领袖人物传记到海内外中共党史著述，程老师都广泛搜罗汇聚，尽可能多地收入书房。

> 这些都是我上课经常需要用到的资料，是指导学生研究需要了解的学术史动态，也是我做党史研究时需要总览党史发展全景的基础。很多书需要经常翻阅。

程美东的藏书可以分为六类。第一类是中共党史通史。从新文化运动、五四运动，到中国共产党的成立、国共合作，再到抗日战争、解放战争，直到改革开放、新时代，凡属于以中国共产党政治发展为中心的历史内容，均归于此类；第二类是中共党史专门史，即从多学科的视角研究中共党史问题的图书资料；第三类是中共党史资料，如20世纪80年代中国人民解放军政治学院编印的《中共党史教学参考资料》，还有权威部门组织出版的《中共中央文件选集》《建国以来重要文件选编》《建党以来重要文件选编》等；第四类是中共党史人物传记与回忆录，涵盖了中共领袖人物、开国初期上将以上军事将帅的传记和文集，特别是已经出版的1949年前五十多位政治局委员和候补委员的相关传记和文集，绝大多数都已收集齐全；第五类是海外中共党史图书，这其中大多数是汉译版，也有部分英文原版书；第六类属于人文社科综合类，涉及哲学、文学、政治学等学科的经典书目。

在程老师的办公电脑中，也存放着多种版本、多重角度、多维视野的电子书和相关史料。这台电脑放在窗前桌上，点开硬盘，八百多个标注清晰的文件夹悉数呈现，从人物传记到地方史料，从红色期刊到文献汇编，从系列专著到革命回忆，如叶脉般展开，勾勒出阅读的年轮。除此之外，他还有着几个T的硬盘，毛泽东、刘少奇、周恩来、邓小平、陈云、瞿秋白……熟悉的名字跨越时空的阻隔，相聚在程老师的收藏中，串起共产党风云发展的一座座丰碑。

> 虽然是零零星星买来的，囊括的方面却比较齐全，只要有电子版，我都尽量收集起来，用这种方式储存的电子书万把册估计是有的，用起来也很方便。

从竹简，到帛书，再到纸张；从雕版刻字，到活字印刷，再

程美东在书房中

到激光照排,程美东相信,"书的概念肯定是要与时俱进的",读书亦然。顺着时代潮流,他愈加适应查阅电子资源,无论是北大图书馆的浩瀚数据库,还是自己买下的专业经典资料。只身坐在家中,就仿佛置身偌大的博物馆,真切地感知着新兴技术无以复加的便捷性。

如今,程老师的电子书数目已远超纸质书,纵然知识载体更易,而洞识精微的研究足迹始终承续,每每踏入书房之境,主人心中都回荡起圈圈涟漪,"书房是我们安身立命的场所,是自己的精神花园"。

遍历书页，参透党史文化

耕耘党史研究多年，收集来的书籍构成了遍布于书房的时代注脚，成为程美东如今做学问的基石……

乘着书页之风，程美东叩开党史研究的大门。

于程美东而言，党史研究任重而道远，仍需从书页间细细考究，万万不能因为熟知定论而忽视深入的党史研究，"如果不深入细致研究党史，容易产生先入为主的认知偏差、认知偏执，这无论从政治上还是学术上都是有害的"。

当被问到印象最深刻的党史书籍，程老师犯了难，"党史书籍和史料不能说浩如烟海，但肯定是不计其数。自己在有限的阅读中受到教益的书籍实在太多，很难用'最'来准确表达"。

他分享了自己在20世纪90年代初刚读研究生时阅读的印象比较深刻的几本书，这些书籍，仿若一盏明灯，指引着年轻人走上党史研究之路。

第一本是《伟大的开端》，这是程美东在20世纪80年代中后期所看的。"我个人的阅读史中，感觉这是20世纪80年代党史专题史开风气之先的著作。其对一些历史事件和人物细节描写细致，文字灵活生动，令人耳目一新。我记得其中对于第三次工人运动高潮时项英的描述非常亲和、生动，散发出浓郁的党史研究步入改革开放春天的气息。"

第二本是《中国共产党的七十年》，一本新中国成立以来党史教科书的杰作。"这本书怀着很大的历史勇气进行了深刻的思考，一些问题上观点之新颖、文字去八股化之鲜活、整体精神风貌令人振奋之脉象，远远地超过了以往我看过的党史教科书。这本书第一次在描述近代中国半殖民地半封建社会时没有沿用过去惯用的'沦为'表述，只是在描述半殖民地时用了'沦为'，这是这

程美东的书房书架上的书籍

本书充分吸收20世纪80年代学术界研究成果的最直接的体现。"

第三类是丛书《中共党史人物传记》，在程美东老师的印象中，当时图书馆的开架书库里共有50卷，整整收录了约三百个人物。"此前对于这里面多数人物的名字比较熟悉，但具体事迹很多并不清楚，通过阅读、浏览这些人物传记，极大地开阔了我的党史视野，极大地弥补了党史教科书的概念化、脸谱化、单调化的缺陷，丰富了自己对于党史高层人物谱系关系的认知，大大增加了自己对于党史博大精深的敬畏感。"

第四本是《毛泽东思想的哲学透视》，与程美东老师此前所看的相关国内论著不同，这本研究毛泽东的著作视野极为开阔。"它从中国的春秋公羊学说到阳明心学，从西方马克思主义说到新黑格尔主义；宽阔广博的视野、细致深邃的方法切入，令我耳目一新。"20世纪90年代阅读时自然生发的感触，他至今记忆犹新："虽然该书有些观点和史实有差异，但其学术视野、叙事风格、分析手段、对人物和事件的梳理和评析，启发我们研究党史问题时需要借鉴国外学术界的视野、思路、方法。"

于书页间翱翔，党史文化背后的天地广阔而充盈；步入其间，程美东看到中国共产党及其相关研究的来路，又放眼于无尽的远方，凝深思于笔下。

程美东近照

披沙沥金形塑历史精神

  细细考究党史多年，一段峥嵘岁月跳出书页，跃出书架，在程美东的这方知识花园间回响起历史的清音……

  众多书目为程老师的研究搭建起多维度坐标系，成就了他与中共党史的缘分，绘就了一幅充满理想的学术图景。

  谈及研读党史书籍的心路历程，程美东老师没有简单地回答。他颇怀感慨地说道："中共党史的重要性无论在学术层面还是社会层面，无论在理性层面还是感性层面，人们总体上认识不足，尤其是在学术层面。"

  "其实，近代百年中国史的核心就是中国共产党的历史，不懂得中共党史，不可能真正了解现当代中国史的发展轨迹和动因。"

在程美东看来，现当代中国历史发展中的许多重要问题，都可以从中国共产党的历史中找到直接或者间接的链接点与反馈因子。这是因为人类社会历史发展的主动权主要体现在政治层面，中国共产党是在现当代中国历史中诞生、发展的，也逐渐影响、主导了国家政治生活和社会生活的方方面面。

"如果对于产生如此深广影响的政党历史不熟悉，就很难把握现当代中国历史发展的脉络。"程老师诚恳而又凝重地说道：

> 深入了解中国共产党历史，如果不带偏见的话，我们必须承认，它在中国传统性和世界现代性之间实现了很好的结合。要发自内心地形成这个认识，是需要建构在对于中国共产党历史有全面细致的阅读和对于生活的深入体悟之上的。只有深习中共党史，你才能在比较中真切地感知中国共产党所具有的牺牲精神、科学精神、奉献精神，在近代中国的政治团体中是独一无二、无与伦比的。

程美东坚信，深入研究党史，不仅在学术上具有重要意义，而且产生的积极的政治意义和社会意义也非常巨大。

那么该如何研究中共党史呢？深耕于党史研究的程老师，历经时间考验，理论联系实践，已然悟出一番心得体会。他认为，"每个人有不同的特质，党史界的前辈中每个人的研习路径也不尽相同"。但是，任何专门问题研究总是有共性的，否则不可能形成专业研究群体。正因为如此，他在前几年写下《漫谈学习中共党史的路径》这篇文章，借鉴前辈党史专家的知识结构，结合个人的学习经历，提出可以从八个方面——党史通史、人物传记和回忆录、事件史、专门史、军事斗争史、组织建设史、思想文化史、西学东渐史——逐步学习党史的建议。"当然，这只是我的一点感想而已,也不一定完全合适,给有志于党史研究的年轻人提供一点参考而已。"

"少时不知诗中意,再读已是诗中人。这句话可以用在对于党史学习意义的理解历程上,真正读懂党史,需要自己成为'史中之人'方可。"程美东的语气中,透露着对中共党史研究发自内心的自信、虔诚和敬畏。

从字词句到真善美

程美东有着自己的读书三境界……

在程老师心中,读书有三"求",书为风,心作舟,风乍起,小舟穿行水中,荡起书页的回声。由出船至停泊,所处阶段不同,所怀心态各异,所求自然别具一格。

第一阶段,乃求真。中小学阶段,广泛地学习人文社科和自然科学知识,无论是掌握历史史实、恰当地用好句法语法,还是明辨善恶是非,总是有意无意中叩问"这本书讲了什么",这本书里"谁是好人,谁是坏人",总是希望学习的知识能够不断逼近既有的标准答案。"这种读书以知识性为主要内容,是以学习人文社会科学和自然科学知识为主的读书,这种阅读基本上都带有某种标准答案,姑且称之为'求真'。"

第二阶段,乃求善。"中学之后的读书,既有为生存择业的直接外驱力,也有为英雄洒泪、热血沸腾的内在动力。因为展翅不能高飞,我们发奋读书;因为情长不能自已,我们发奋读书;因为心高命薄,我们发奋读书……读书,乃为渴求理想与现实的统一;读书,乃为寻求社会、家庭、个人关系的统一;读书,乃为寻求自然与社会的统一。总体来说,为什么活、如何活、为谁活——这是青春韶华里读书的重要动力所在。试图寻觅、创造理想中的社会形态，找寻自我意义，追求自我存在与现实存在相互'融洽'，即是善意。"为张扬、实践这样的人文精神而读书，乃是点燃探索外部世界、形塑内部世界的关键，为找准定位不断实现飞跃，这样的读书乃为"求善"之旅。

第三阶段，乃求美。年逾半百，读书多无功利之念，但求自我享受，即是美意。在探究中，不断趋向真理，渐渐接近那鲜为人知的真相，不强求为他人所承认，甚至根本没有公示于他人的欲望，只化作艺术般的自我享受；在书卷中，释开内心疑惑，从心所欲不逾矩，自己充盈着满足感，化作个性享受，明白即足矣。"现在我看书很多不是为了写论文发表，而只是如司马迁所说，究天人之际，通古今之变，积累一些资料，勾连一代血脉。"在党史研究的长路上，程老师下着"笨功夫"，从成山的资料间抽丝剥茧；他也下着"巧功夫"，力争鞭辟入里、透彻明白，此所谓"求美"之境。

> 党史研究的领域太多，有太多的书籍需要阅读，更需要精读。每每想到这一点，我就遗憾自己在党史阅读上的不足，深切鞭策自我万万不可懈怠，又满怀着对未来生活无比充实的憧憬。

初航，书页翩飞，带着求真的期待；舟行水面，书页摊开，引领着求善的方向；终有一日，舟会靠岸，再翻开书，心境自然大有不同。百年岁月的峥嵘藏于一室书房，古今中外的归宿寄于一隅心田。

苏祺，北京大学外国语学院、人工智能研究院长聘副教授、博士生导师。主要研究领域为自然语言处理、计算语言学、语料库语言学、数字人文。

苏祺

电子书房，"藏"下千年岁月

文／唐儒雅

一本经典的纸质书能够引导读者发现研究兴趣，而电子书则能在深挖这些兴趣点时提供快速的文献比对和观点串联。

中华文化古籍是怎样的？对于北京大学外国语学院、人工智能研究院长聘副教授苏祺来说，问题的答案，是光阴的厚重，流转于现代技术间，化作数据库中轻薄的字节，又借由一块块显示屏，传到千家万户。从《永乐大典》到四书五经，都是苏老师的藏书，用科学的方式把书读薄，又勾连起更多的古典"百科全书"，将密密麻麻的古文字转为形象生动的人物关系图，识别、搜索、校对中，积淀下深厚的文明记忆。苏老师的"书房"，在方寸之间，小小的一块屏幕，就足以藏下多达上万种古籍文献；而她的"书房"，却又不在咫尺之间，众多被束之高阁的文化珍品，在现代技术的"妙手"下，贯通岁月的隔阂，化作可感知、可阅读的传世遗产，一本本独立的作品，连成一条脉络分明的印记，焕发出新生。无需一页页翻看，但书页间古人深邃的哲思尚存，这是苏老师与团队打造的电子书房，从这里出发，一场以千百年为尺度的文化"穿越"正徐徐展开。

高科技"藏"古籍

以现代的方式编织古文献资料，让古籍"上网"，让更多人看到人文学者的智慧，苏祺老师及其团队用专业技术，为古籍深度赋能，将这份宝"藏"，收"藏"于数字图书馆间，于人们触手可及处。

"看，孙权和黄盖，是上下级的关系，而陆逊则是大乔的女婿……"苏祺老师点开古籍文献大数据分析平台，将光标停留在一位位历史上知名人物的图示上，人物间千丝万缕的关联清晰地呈现在连线上，二百余部中国古代哲学经典著作，就这样有了新的阅读方式。

苏祺与她的电子书

  这是苏老师与团队一起打造的智能化数字图书馆,在数字化的浪潮中,将珍贵且浩瀚的古籍文献,转化为可检索、可触摸的数字形态,为人文学者插上信息化的翅膀,是他们一以贯之的目标。

  就好比写论文需要参考文献,通过阅读与写作,将不同的专著、论文构建起显性的关联,然而,古时并没有完备的引用方式,使得古典文献难以串联起来,仍需依赖于语义判断，我们想要做的，正是借助数据分析的支持，弥补这一遗憾。

"仁"与"义"在不同时代的释义有区别吗？又是怎样一步步发展到现在的用法呢？有哪些书目引用过《盐铁论》？这些问题，都是苏祺老师所关注的。从深入研究现有材料开始，汇聚先秦至清代的文献，到寻找完美呈现的方式，解锁历朝历代作品中的重重关联，整个团队沉潜其中，如挖掘宝藏一般，一点点回答着勾连古今的叩问，又如同历史的积木，一块块垒起古典文学发展脉络的大厦。

大厦的基座，是对古文献进行标注处理。扫描识别后，面对字句相连的古籍文献，首要的任务就是自动化地加上标点符号，完成跨时代古今汉语的断句、句读等工作，由此诞生了"吾与点"智能标注平台。在此基础上，还需要进一步以表意文字、词组为单位，拆分其中的句子，才能成为后续分析的可用材料，对此，苏老师的团队又自行训练出了一套大模型，再将专有名词、人名、地点、时间信息一一抽取，形成庞大的数据库，使不同时代作品中的重文关系一目了然，"人物—人物""人物—地点""人物—时间"等多维对应关系也随之可视化了。

苏祺老师在平台上进行标注词性、简繁转换、全库搜索、添加注释等工作，在多重功能的辅助下，古籍的阅读不再是难题，啃原著的门槛也不再难以达到。倘若想要了解相关领域知识，大可直接登上这些平台，在与计算机的交互中重新打开浩繁卷帙，要是碰上看不懂的地方，还能在现代化的引注中联系前后朝代的文段交叉理解。

古人之间相互的关系、特定的词语在不同时代的表

苏祺做《儒藏》讲座

意……这些知识或许不曾在文献中有着直接记载,过往,人文学者通过阅读在脑海中构建出知识的图谱,但如今的我们有了技术,通过构建自动化的电子知识图谱,就可以自然而然地将其推理出来。

如今,苏祺的团队已经接连研发出了文献溯源分析平台、识典古籍阅读与整理平台、经籍指掌——中国历代典籍目录分析系统等全面化公众平台,以及《永乐大典》高清影像数据库系统、

"宋元学案"知识图谱系统、朱子年谱可视化系统等专门化研究平台……加上词汇分析、贡献分析等智能信息处理技术，晦涩难懂的古籍摇身一变，成了通俗易懂的"课外书"，又通过深度学习、对比学习等自动化高科技，化作研究者触手可及的资料，成为寻常人家了解古文化的一扇科普之窗。

从小到大，古籍的不同读法

幼时读古籍，从书卷中感受古风文韵。大学时一本《计算语言学概论》，为苏祺叩开新学科的大门；在与科技的接触中，找到读古籍的另一种方式，又将这份便捷而直观的阅读体验，带给万千读者。

苏祺老师的成长经过，是一趟跨学科的奇旅；一本本特别的书籍，串起了这段不平凡的历程。

小时候的苏祺，在书香门第中长大。爷爷是高中校长，家中书籍满架，古典文学的韵味晕染着她对童年的记忆。三岁之前，在爷爷的熏陶下，她接触到《唐诗三百首》《三字经》等经典著作，那段与书籍为伴的时光深深植根于心。那时的她或许未曾想到，这些古籍篇章会在未来的某一天，以一种全新的方式与她重逢。

有意思的是，指引苏祺老师与古籍重逢的也是书。在大学毕业生的旧书摊上，她偶然间发现一本《计算语言学概论》，随手拾起翻看，第一页便勾起了她的兴趣。"我印象很深，那一页上是对计算语言学这门学科的介绍，也就是，让计算机理解人的语言，进而与人进行交互。"这般奇妙的世界，让苏祺心生向往。

她当即联系了这本书的作者——北京大学信息科学技术学院俞士汶教授，考取了俞老师的博士研究生，从此打开了计算机与

苏祺的导师俞士汶教授编写的《计算语言学概论》等图书书影

语言学交叉领域的大门。

投身数字人文,又是一场与古籍不解的缘分。考虑到中国古籍材料丰富而悠远,涵盖各大门类,贯连每个时期,外加电子化程度较低,苏祺选择从古籍入手,踏入这座巨大的中华文明宝库,借助数字化技术为其整理和研究插上翅膀。

从古籍出发,苏祺老师的研究遍及历史、考古等多个学科;与人文学者的接触,让她涉及更多的领域。怀着对知识永恒的好奇心,在一点点的探视中,她所看过的文本日渐丰富起来。从大字典到陶瓷研究,从工程技术到文物研究,从语音演变到生物演化,从中西文本互鉴到社会网络……她都兴致勃勃,总能在不同的学科中找到乐趣与灵感。在她看来各个领域的知识都挺有趣的,翻开一本书,就像是打开通往新世界的一扇门。

因书而起,因兴趣而生,从古籍出发,又以古籍为桥梁,传续书的力量。如今的苏祺,依然在数字人文的领域里不断探索、创新,用技术解读文化,用代码书写历史,将书的故事越写越长,越写越远。

从书出发，打开新世界

翻开人文的书页，无疑会被其中思想的深邃、想象的大胆所折服，这些对人类文明的叩问也打动了苏祺老师，由此坚定了她用信息技术为人文学者提供服务的心志。

从计算机专业博士毕业后，苏祺老师来到北京大学外国语学院，身边接触到的老师逐渐变得以人文社科领域居多。在磨合适应的过程中，她一步步尝试着去理解人文学者的思维方式与研究需求。

> 那时候，我感觉计算机的师生和人文学者还是挺不一样的，尤其是在学习工作的思路和风格上。在计算机专业读书时，师生团队合作推动着一个又一个项目，但人文学者却更偏好于通过个人阅读以增长知识。

苏祺敏锐地观察到人文学者的个体独特性，或许还有无数种发展的可能，于是，这颗关于阅读与思想的种子，在她心间扎了根。

2020年，北京大学数字人文研究中心（PKUDH）成立，在主任王军的邀请下，苏祺在创立之初便加入其中。"得知这一研究中心的成立，我冥冥之中感觉这就应该是我的去处，无论是所学的专业还是所处的院系，都无比契合我的条件，似乎命中注定就应该成为其中的一分子。"提起这一人生转折点，苏祺回忆道。

作为校级跨学科研究虚体，"我觉得这里特别好的一点就在于，大家的背景都相当交叉，像是计算机出身却对古典文化熟稔于心的王军主任，又像是中国哲学学者杨浩老师，从外语到中医，不同背景的师生都会聚于此，一起头脑风暴，一同开发技术，为

苏祺所获奖项

人文学者提供对接需求的服务"。

  这样一群志同道合的伙伴,在古籍的数字化道路上共同踏实前行着。从最开始的"吾与点"智能标注平台算起,北大数字人文研究中心的成果逐渐得到学界的关注,学者们提出让古籍整理更有针对性的建议,将医学、法学、理学、文学等特定的学科领域分类考量,大幅提升了模型效果的准确性。致力于古籍资源智能开发与利用的中心师生们,齐心协力、众志成城,尽可能将所有收集的资料都扩充上,不断优化平台。五年不到,许多专门化的平台接连上线,从准确率到适应性,每个细节都凝聚着他们的心血和汗水。

  中心的师生们深知,技术的发展不应仅仅停留在论文、代码和算法上,更应服务于人文学者,果敢拓宽研究范畴。2023年,他们完成了"文物图像合成技术"的研发,通过视觉模型、边缘检测模型、大模型等技术，尝试重塑那些被损毁、丢弃的文物样貌，由文物名称直接生成相对应的图示。为了避免"一眼假"的情况，他们参考众多古籍记载及考古知识，并对照工具书，使用专业的线图补充对应器物模型的边缘轮廓，建成知识库。再借由大模型增强技术，将喇叭口、细腰等特征从名称中提取比对，同时参考专业大字典协调合成。就这样，青花山茶如意扁壶、唐朝青铜器、元代瓷罐等文物古器不再是遥远的文字，而具象为形似的图片，在数字世界中重现光彩。

"在和人文学者接触的过程中，我也吸收了很多他们思考问题的方式。"苏祺笑称自己是"文化荒漠"，而人文学者的渊博与深入，是她科研 idea 不竭的源泉。从无到有，从古籍到文物，从语义检索到个性化推荐，从知识图谱到 3D 识别……苏祺以自身所掌握的技能，不断填补着人文学者敢想却难以实现的空白，逐步迭代以求达到理想的效果。这条探索路上的一切，一直都令她深感振奋。

书为用，架起数字与人文的桥梁

"每个人都不应该把自己局限在一个特定的专业，只要做的事情是自己感兴趣的，就一定能做好。"这是苏祺老师的人生哲学，在她的世界里，书籍是知识的源泉，兴趣是最好的老师，而跨界融合则是通往未知世界的桥梁。

或许是自身学科交叉的背景，苏祺老师会让文科生带着计算机专业的学生完成技术层面的工作，也会鼓励理工出身的学生深入阅读古籍，带着学生一起，以计算机科学的严谨，结合人文学科的广博，探索古籍数字化的新路径。

2023年12月，苏祺在北京论坛分论坛上作报告

苏老师是全校必修课"计算概论C"的授课老师，这是一门为文科生开设的编程入门课，对此她有着独特的教学理念。苏祺相信，以Python为代表的数字技术，必将在学生们未来的研究中扮演至关重要的角色。在她的课堂上，不只是单纯算法和数据结构的讲授，而是更加注重学生们对实际应用的掌握。由此，苏老师特意将大作业设置为古今中外、各式各样的文本分析。

所有的学科都需要使用文本，无论对于什么专业背景的学生，都有着极强的普适性。

她希望通过这样的训练，以分析覆盖古今中外的文本为切口，启发同学们将数字人文技术用于所需。

秉承着推广数字人文的教育理念，苏祺老师参与到北京大学、哈佛大学与普林斯顿大学联合创办的数字人文暑期工作坊。在2023年的暑假，来自国内外、不限文理科的大学生齐聚一堂，在思维碰撞间产生出五花八门的项目选题。从药方复现研究到唐代琉璃瓦分析，从苏轼诗词体系到跨文化社会网络，学生们创意频出。

"在这之中，我们主要是起到黏合剂的作用，也就是让他们了解到，目前有什么方法可以将这些研究的想法实现。"

短短两周内，来自中国历史、古代思想史、中国哲学、自然语言处理、计算语言学、知识工程等不同教育背景的学生交叉合作，从构想到落地，创造出一个个兼备人文温度与科技力量的智慧结晶，有的甚至撰写论文发表。

作为数字人文与外语人才项目的负责老师，苏祺不断拓宽着数字人文的受众面，为人工智能飞速发展下外语人才的培养提供新的可能性。她将人工智能、计算机技术、语言文化、统计分析等多个领域的课程排入其中，也会不定期开展组会，共同研读前沿论文，打造全方位、全流程培养跨学科人才的方案体系。在苏老师的悉心引导下，不同语系、不同背景的学生，从不同的研究视角出发，基于过往的人文训练，使用数字化的方式呈现各自的学科诉求。苏祺老师还将数字人文本科课程同学的作品带到北京大学文科数智化成果展，这些外院、数院、信科、信管、历史、中文等各种专业出身的学生，将所学与所思完美融合，在国际会议上展示研究成果，在数字人文的道路上不断探索、不断成长。

得益于苏祺老师的循循善诱、耐心栽培，本科毕业于南京大学德语系、硕士就读于北京大学外国语学院的吴胜广同学，被斯

第三届北京大学文科数智化成果展留影

坦福大学计算机系全奖录取为博士生。前些年,她指导的硕士生林俊旸同学,本科毕业于国际关系学院英语系,硕士就读于北京大学外国语学院,毕业后就职于阿里巴巴达摩院,目前已是阿里巴巴通义实验室高级算法专家、通义千问开源负责人。"我相信,人文社科领域的学生也能从事,而且能很好地从事跨学科研究工作。"谈起爱徒们的成长,苏老师的眼神中闪烁着坚定的光芒。

苏祺期盼能有越来越多的学生,"打开思路,学会将技术应用在自身的学术研究中"。打开书页,感受数字世界的逻辑和效率,体悟人文学科的内涵和价值;合上书页,将编程语言的精确性与文学艺术的创造力稳稳结合，架起一座连接理性与感性、科技与文化的跨学科桥梁。

一本本独立的书，汇为书海

数字技术与人文学科的结合，如同在深邃的知识海洋中架起一座座桥梁，不仅连接着孤岛般的书籍，更是汇成一片汪洋，涌动着智慧的激流。

跨学科的融合，让苏祺的视野更加开阔，思考更为深刻。她意识到，正是有了数字技术，文科书籍的研究不再局限于传统的线性阅读和深度挖掘。人文为数字注入宏观的考量，将关注点从理科的评测框架中拉出，不过分着眼于小数点后一位的准确率提升，而是放眼文献背后广阔的时间跨度，注重广度的拓展。与之相对应，数字又为人文提供了网罗的条件，各家的成果由此连点成线，不同领域的知识编织成网，打通个体的思想壁垒，形成全新的纵览视角，诸多新想法由此萌生。

苏祺本人的阅读习惯，也恰好扣合着这份融合。"都读"，这是苏老师对于纸质书与电子书偏好的回答。

这是因为，在信息科学上，搜索可以分为两种，其一是深度优先，其二是广度优先。对应于此，电子书的检索功能在备课时显得尤为便捷，而纸质书的线性阅读则有助于深度理解和沉浸式体验。

数字技术有着互相参照、交叉比对的优势，而传统的纸页更容易勾起人文的哲思。"如果想要了解一个陌生的领域，"她解释道,"一本经典的纸质书能够引导读者发现研究兴趣,而电子书则能在深挖这些兴趣点时提供快速的文献比对和观点串联。"

在苏祺心目中,数字技术与人文学科的结合,不仅仅是工具的革新,更是研究方法的演进,让知识自由流动,让思想相互碰撞。"方寸之间,却得以涵盖巨量的书籍",古时依靠单人阅读将书与书连接起来,也可以通过写作为后世所复现,但很难进一步与其他领域相互扩展。如今,数字与人文的演进将零散的知识串联起来,打通了各门类间的壁垒,让知识不再是孤立的点,而是相互连接的网络;让研究不再局限于单一视角,而是多维度的融合。

"数字和人文这两面都是必要的,人也是不可缺少的,三者通力合作,一本本独立的书汇集成书海,共同推动人类文明进步。"苏祺如是说。

在她的电子书房中,每本书籍相互连接,连接着过去与未来,并在公众视野中徐徐铺陈开来。

阎天，现任北京大学数字法治研究中心副主任，中国劳动学会、中国社会法学研究会理事。主要研究领域为劳动法学、宪法学和行政法学，注重从历史、理论、政策和制度等多个层面研究劳动法。

阁天

文／唐儒雅

北大的"力食居"，是他的书房

一本书码起一座城堡，既是有形的也是无形的，既可以抵御自身的焦虑，也可以抵御外界的诱惑。

阎天书房牌匾"力食居"

在北大，有一间书房，名为"力食居"。这是毛主席为恩师罗元鲲所题之字，以文史为桥梁的读书故事，引出一段"竹筒罩灯光，夜读廿四史"的佳话。多年后，北京大学人文社会科学研究院副院长、法学院副教授阎天将这三个字翻刻成牌匾，置于书房，不张扬，不喧哗，以书为声，自食其力。

"力"字，写在"劳动"二字之中。通天的书架从书房门口，一路延展入深，伴着这位法律人深入研究的漫漫路途。从北大这片劳动法的奠基地出发，阎天在先辈们的身体力行中深受感召，又在泛读世界之书时看清方向，毅然归于北大，又一次在这片热土上，与学生一同耕读着。

步入其中，映入眼帘的是他无意间搭造起的"温馨会客厅"，"食"的故事由此展开。来来往往，师生们走过，顺走一些又留下几件，好玩的、好看的、好吃的琳琅满目，思想也由此喷薄而出。老师的推荐书目，一一放入阎天的书架上，又一次次取下，交到自己的学生手中,架起代代师生间对话的桥梁。

这是他的"居",从法学经典到历史文献,从社科巨著到文学小说,一本本书垒起属于他的堡垒——以劳动为门,以书香为伴,倚靠前辈与书籍,便有了遮风避雨的底气;以教学为乐,以思想为友,豁然打开书中的世界,宽广大气之感油然而生。

握住书,筑就书房

每一本书都承载着阎天的求学记忆,每一页都记录着思考的深度。"力食居"里的书,是知识的载体,陪伴着阎天一步步实现学者理想,又架起通往丰盈的路径。

阎老师的书房,是一个充满故事的空间。一千五百多册书,堆积在他的书房,书架上是触手可及的,偶然走动也能瞥见一两本小惊喜,这是经年累月积攒的结果,伴随着阎老师的科研使用筛选所留,时有添置,常获赠书,就这么随着性子,摆在这间小小的办公室中。

"对于我们这些法律研究者而言,所藏之书无非就是一个专与博的关系。"劳动法、宪法、行政法……这些细分法律领域,垒起阎天坚实的专业基础。再往外,是关于法律理论及其他分支,庞杂的法律体系下,共同回答着对"法律到底是什么""法律与政治的关系是什么"等的追问。社科类、人文类的书籍,还有一系列"闲书",也都在这里找到了自己的位置。广泛涉猎的阎天,多维度挖掘着专业深度,又不断向外延拓出宽广的知识视野。

英文书占据了阎老师书架的大部分,由国外背回,又历经辗转,在这方寸之间映刻下一段艰苦求学的留学岁月。闲暇时光,阎天特别喜欢光顾耶鲁旧书店,花上几块钱,淘下一本书来,翻

阎天书房书架上的书籍

旧书、买旧书，构成了他在国外相当一部分生活。哪怕回国时对随身携带的行李重量有所限制，纵使成本并不便宜，阎天依然选择用厚厚的书本，填满归家的行囊，那时想尽办法倒腾回家的"苦不堪言"，化作如今回忆学生时代时的温情感怀。有一阵子，饱含着对学生时光的思念，阎天将这些背回来的书，一一码在自己身边，将自己圈入其中。

专业一类的书被精心分类，井然有序地排布其间，扣合着阎老师从求学到研究的一步步脚印。游动的书架上，堆放着近期研究常用的文献。偏向通识一类的书籍，则"不太讲究"，在书架前转悠一圈，一本本看去，起身几步间，是一种休息，又在触手之间，拾起一份知识的惊喜。这里有《共产党宣言》，作为法学研究的重要书籍；也会有《道德与法治》课本，其中法律相关的部分，被阎天极富创造性地引入课堂。为这样一批科普性的读物提出修改意见，成了他的期中作业题……架子上的书籍偶有轮换，一旦不期而遇一本旧书，赶忙收入柜架中，那是一种"如获至宝"的感觉，但难得的藏书，一直珍藏于这方书房。随着时间的流淌，许多的书本、期刊上，也多了自己的名字。

"吃喝玩乐"的小天地，同样是阎老师办公室中不可或缺的

阎天

一部分。"我爱我家"的冰箱贴、歼-20飞机模型、《戴珍珠耳环的少女》装饰画、星球大战主题瓶盖、电影《长津湖》周边、仿真鸟工艺品、"老骥伏枥,志在千里"冰箱贴、北大猫协出品的日历、生活中少见的纸币、果腹之用的小饼干……搭建起这个"温馨的小居室"。环顾一周,生活的充盈感随之点亮;随手一拿,物质与精神的食粮蕴于其中。书页间是智慧的光火,小物件又增添上几分生活气息。

阎天书房中的小物件

添置的几个书架,把房间一分为二。外部是会客交流之所,总有友人到来坐一坐,思维的火花在这里碰撞;里边更像个小仓库,网罗着书的温度。这是阎老师安心做学问的地方,一如他的风格,办公必需用地之外,总是堆放了大量的书籍。"力食居"的牌匾,赫然放于桌上,稍一抬眼,即可见得湖湘学派的实学思想。阎天坚持着"有点书",攒下的厚重繁多,呼应着这一份"实",不断地让他回想阅读岁月,又勾连起实际生活,输送着不竭的力量。

阎天将这片书房之地戏称为"陋室",却因书的珍贵存在而满心安宁,又因"自食其力"的坚守而让自身充盈起来。

秉笔直书

每一本书都是一个时代的缩影,每一段文字都承载着历史的厚重。在"力食居"中,学术的深度与时代的广度,在书架上凝聚,方寸之间,时代流转。

父母与历史研究的深厚情缘,让阎天从小浸润在古韵之间。家中随处可见的历史书籍,既有严谨的学术著作,又夹杂着生动的通俗读物。幼年时不加选择的阅读,编织起一种雅俗共赏的体验。他在不知不觉中爱上了读书。

父亲在历史学上的熏陶,让阎天从小就对学术研究有了清晰的认识。做学问必备的读书方法、师生间对学问的探讨……耳濡目染中,阎天对于做学术的畏难自然而然消弭;学术前辈的教诲,也让长大后的他少走了许多弯路。

阎老师的母亲是一位博物馆工作者,丰富的解说、陈列、研究、撰书经验,一点点累积成"将复杂的内容简单化"的专业素养,这对阎老师的写作风格产生了深远的影响。他将撰写一部书比作布置一个展览，"一目了然"最为关键，而展览中所选取的各式题材、质地与素材，迁移到书籍中，化作平铺直叙之外的变奏与花样，或郑重其事，或插科打诨。阎天十分期望自己的学术写作，稍加修改就可以成为解说词，在确保学术深度的前提下，使用最为平白通俗的话语，点缀上各样手法，真诚直接地完成观点的传递。

可读与易懂，需要"秉笔直书"的坚持，阎天书架上的《耶鲁法学院与1960年代》，便是例证。这是一本他非常喜欢也经常翻阅的书，以耶鲁法学院四十年间的发展历程为线索，将学术思想的变化与社会政治的动荡紧密联系在一起，展现了一个学院在社会变革中的成长和蜕变。"所谓'风声雨声读书声，声声入耳；家事国事天下事，事事关心'，作为一部历史学家的作品，这本书将天下事与身边事相结合，不虚美，不隐恶，谈得非常具体。"20世纪60年代耶鲁法学院成为举世瞩目的诸多法学领域中心，在社会动荡的背景下，正统的学术思想开始受到挑战，到第二次世界大战过后历史翻开"眼花缭乱"的新一页，各个学派实现了新的发展，学术思想由此经受到严苛考验……通过鲜活的法学人物、生动的法律事件，耶鲁校园外的历史进程与校园内的学术历程双线交织，这部书将耶鲁法学院"逆袭"成为美国第一法学院的奥秘娓娓道来。阎天还专门将其精选本译为中文，以《黑暗年代——再造耶鲁法学院》之名出版，期待着为中国的法治发展提供借鉴。

将学术研究与社会现实紧密结合，让读者在阅读中既能获得知识的滋养，又能感受时代的脉动，这也是阎天对于自身写作的期待。受这部书的启发，他在撰写《美国劳动法学的诞生》时，以16世纪后期到20世纪中叶的历史四大阶段，分别对应于司法上的起、承、转、合，阐明劳动法学是制度实践中链条式发展的结果，既是工人运动、进步运动和新政运动等宏大社会运动的产物，

《黑暗年代》《美国劳动法学的诞生》书影

又是形式主义、现实主义和法律过程学派等学术思想流派相互激荡的结果。

历史的厚重与学术的严谨,在书架上凝聚,带来时代温度的鲜活触感,这是他从家庭传承中汲取的宝贵财富,也是求学路上的深刻影响,化作对学术写作的孜孜追求,随着书页传递给更多的读者。

在北大,走入劳动法的书页间

劳动法是阎天的主要研究领域,这仿佛是对北大人百年前呼唤的回答。此间文字,是对时代的透视,对社会的阅读。

选择法律,对于阎天而言,是大学后所做的"真正选择",是结合禀赋、责任与热爱三维度考量后的不二之选。

取得北大法律系知识产权二学位的初中班主任王祝兰,为阎天打开了法律的一扇门,学长撒贝宁主持的《今日说法》节目、报纸上刊登的法治故事,进一步让他感受到,法律可以与人间万事相勾连的特质，由此萌生以此为窗看世界的希冀。再加之中国自 20 世纪 90 年代后期开启法治国家建设进程，阎天相信，从事法律研究工作，能让"人生很有意义，活得今生无悔"。

怀揣着对"法学"坚定的选择，大一下学期，阎天从光华管理学院转到了法学院。北大的自由包容回应着这位学子的求学所望，北大人的学术素养又给予了他充沛的生长天地，叶静漪老师将自身所参与的劳动法实务带入课堂，从生活实际中了解"法律的缘来"，揭开条文背后法学真实的一面。阎天深受启发，聚焦劳动力这一中国经济发展的重要引擎，关注法律领域这一政治经济巨变时代的注脚，从而逐步深入劳动法这片沃土。当时，中国方才出台反就业歧视相关法条，叶老师便在课堂上谈到。新鲜的法学进展吸引着这位青年，他在本科毕业论文中探讨了法律概念上的就业歧视，又在硕士毕业论文中进一步从法哲学层面理论化；到了博士论文写作阶段，他提出政府的改革动机与民间的改革呼声形成上下合力，使得中国的反就业歧视法在不到十年间迅速发展。这些基础性研究又催生出阎天最初的译著与专著，并由此与劳动法结下不解之缘。

在阎天看来，"中国劳动法学的诞生，就是一部与北大密切联系的历史"。

劳动法在中国的创生，就立法而言落于 1995 年，这是社会主义市场经济改革的结果；而作为一个学科出现，定在 1985 年更为合适，国家处于稳定发展期，这一学科也有了些许积淀，许多重要的节点均与北大息息相关。在 1918 年庆祝欧战胜利的集会上，蔡元培老校长喊出"劳工神圣"的口号，《新青年》迅即以《劳工神圣》的标题刊出讲演，劳工问题开始成为社会焦点；李大钊先生系统地在中国传播马克思主义，引进许多苏俄劳动法的相关内容，指出"须知今后的世界，变成劳工的世界"，形成多学科理解劳动法的潮流；梁启超则传回巴黎和会上建立国际劳工组织的第一手消息，写下《欧游心影录》，成为近代系统介绍海外劳动法的第一人；在20世纪20年代的劳动立法运动中，屡见北大人的身影，主要的领导者就是校友邓中夏……先辈们凝聚各种力量，唤醒了社会对劳工问题的关注，更共同推动我国第一个综合性劳动立法《暂行工厂通则》，为中国劳动法学的发展与进步铺开一条大道。

此后，一大批北大学者又投身到劳动法学的研究之中。北大法律系原教授、系主任王世杰所编著的《比较宪法》，曾是民国时期诸多法政学堂的必读教材，如今仍是许多高校法科专业公法学科的重要参考书之一，他在书中多次探讨劳动问题，成为中国劳动宪法研究的先声。后来，经济学家、教育家樊弘在北大读书期间就发表了中国第一部劳动法专著《劳动立法原理》……"在建国以前，劳动法学的奠基性研究，都是北大人完成的。"新中国成立以后，经过多年的风云激荡，贾俊玲教授在改革开放之初，参与撰写新中国首部劳动法学统编教材，参与1984年召开的劳动法学研究会成立大会，1985年出版的《劳动法论文集》中也收录了她的文章，在我国劳动法学"临门一脚"的关头，贾老师代表北大做出不小的贡献。

直到90年代，叶静漪老师扛起了劳动法领域北大的一面旗帜，参与到我国重大劳动立法的全过程中。"那时候，叶老师特别忙，但我最喜欢干的事情就是，不经预警去敲老师办公室的门，叶老师总会抓紧忙完手头要事，坐下来跟我谈谈学问，也曾在学术上扶我一把。"阎天将这形容为自己在北大幸福的成长记忆。他也时常来往于学院图书馆中，在泛黄的借书卡片上，回望贾俊玲、叶静漪等前辈学者的学术足迹，一步步回应着社会需求，为劳动法学科奠定坚实之基。

从 1918 年到现在,北大在劳动法学科中的影响不曾中断。在阎天看来,这并非完全偶然,因为劳动法代表着对产业社会的激烈反思与批判,实质上就是"不平则鸣"的表现,而北大恰恰是特别具有批判精神的学校,二者由此珠联璧合,开启我国法律发展的新征程。"我国作为人类历史上劳动力庞大的国家,在改革开放后稳定发展的当今,在市场经济的大潮中,一直以来都保持着劳动关系的长期和谐稳定,成为中国发展历程上'两个奇迹'的一部分。"阎老师所在做的,就是担起沉甸甸的社会责任与历史使命,将北大劳动法学科的学者情怀,一路传扬。

脚踏实地的学问理念,经世济民的治学思想,对毛主席所说的将劳动视为一切幸福源泉的坚守,而北大法学人以自身所学,在丰衣足食的同时添上一份国泰民安的保障,所有这些都在阎天的"力食居"一以贯之。

阎天书房里的白板

和学生从书开始聊

阎老师乐于与学生分享，哪怕时代在变，观念在变，书中摘抄在变，他相信，书籍总能化作连接师生心灵的桥梁，是读书人面对困难时寻求对策与思路直奔的一隅。

阎天的书房里挂着一块白板，上面画着笑脸、各式各样的可爱小表情，皆出自学生之手。这间书房，时常会有学生造访，或带着学业上的困惑前来，或是寻求写作指导，或是需要职业规划上的建议，或仅仅是来宣泄心中的焦虑。各个院系、各类诉求，阎老师总是耐心倾听、悉心交流，给予学生们最真诚的指导和帮助，尽力激发着他们的潜能。

而每一次心灵触碰，都离不开书籍。在阎天的书架上，有一个特别的位置，专门放置他为学生准备的推荐图书。每每有学生来访，他都会根据学生的兴趣和需要，推荐合适的书籍。

倘若遇上对学术有一般性兴趣的学生，他会拿出香港大学教授李连江的书籍，在专业研究之余，李老师对研究经验进行了全面、系统而透彻的总结，像是《不发表就出局》《学者的术与道》等作品，以其坦诚、深刻的见解将做研究的门道倾囊相授，让众多后辈学者受益匪浅。"他的文字大气平和，告诉你面对困难时该怎么办，告诉你永远不要放弃做学问，光是读一读，就能沉静下来，这在当今时代特别珍贵罕见。"阎天自掏腰包，买下几十本书堆放在书房，鼓励学生播下学术理想的种子，一路坚持，直到生根发芽的一天。

对于已经在学术道路上迈出脚步的学生，阎天则会根据他们的研究方向，更具体地推荐一本可以写书评的书。这是他希望学生进行的第一步学术训练，通过阅读他人作品并加以评述，学会理解别人的学术成果，在这个过程中锻炼批判性思维与学术表达

阎天的特别书架

能力。

"直到今天,老师给学生推荐图书,仍然是学术指导的一大重要方式,这本身就是在告诉大家,生活在别处,学术在别处。"一本本从"力食居"中借出的书,架起通往彼岸的桥梁,为学生引出一条领略学术激情与智慧的通途。每一个走进这间书房的学生,都会感受到学术的温度和生活的美好。

课堂和课程学习群都是阎老师分享好书的场所。从章永乐的《西途东归:朝向中国道路的思想突围》中学写书评,追问、探求文本中制造出来的"真理"概念;从田雷的《美国折叠:置身事外的反思与批判》中感受"双重历史化"的学术方法,用不一样的视角"打开"美国这部书;从赵晓力的《要命的地方:家庭、生育与法律》中整体理解家庭、生育等根本性人类生存处境及与之相伴的法律问题,扩充法学研究版图上与文学结合的一块;从冯象的《贝奥武甫》中不断回味思考古代文化中的现代关切,看

阎天在书房中

到法律人高雅的追求……这些书,将学生们的视野延展开来,思考也随之深入。

顺着一本本书,老师和学生恍若跨越十余年的代沟,被文字所揭开的痛点击中,同为读者,撷取所需的价值,达到心灵共鸣。阎天常在"力食居"向学生们敞开大门,用满室的书籍相迎——"我们一块儿谈学术,从什么开始谈呢?我们从书开始谈。"

交一群书友，多面共读

作为文化生活的重要媒介，书是思想碰撞的平台，由此展开一系列交往、休闲活动。从学生时代的周末书市、法律书店，到教师时代的年度书展、新书座谈会，总有爱书的人，在书香的滋养中深感幸福。

在阎天的记忆中，众多与书相关的活动，构成北大人文化生活的重要组成部分，周末书市就是一例。"书市上的书是乱摆的"，阎老师将这一特点归为书市最大的优点，这让师生们在散漫的浏览间，接触到各式各样的书籍，出走于平日研究中反复"打交道"的细分领域，广泛吸纳着从自然科学到社会科学的各家养分。

书市上，师生们可以随意翻阅，可以相互交流；不同院系的书友，或许在两点一线中难以相遇，却能在旧书摊的徘徊间逐渐熟悉，打声招呼，对书的共同爱好总会相逢，一段友谊就此生发。揣着十元钱，阎老师在书市上纠结着，初次"会面"的李强的《自由主义》与张静的《法团主义》进入了他的阅读视野。这样自由而广博的阅读，与他所专精研究的劳动法有着千丝万缕的联系。

除了周末书市，当时的北大法律书店也是阎天经常光顾的地方，"基本上每周要去三到五次"。这家全北京最重要的法律书店，将地址择取在北大校园内，成为学子们心中"法律的圣殿"。书店里，法律书籍琳琅满目，师生们可以根据自身需要，请求店主帮忙找书；有着丰富经验的店主对于这些书相当熟悉，前去拿取时颇有一种"信手拈来"的感觉。"在法律书店的感觉太美妙了，本科时期，除了吃饭以外的闲钱，几乎全投在这边了。"阎老师打趣道。

"我一直是那一年级藏书最多的人，同学们需要的书，往往都可以在我这儿找到。"求学之时，阎天就已将宿舍打造成"书房"，

阎天近照

到处都是他的书籍，舍友尽管"怨声载道"，却又总会前来借阅。

如今的众多书展，成为书友间的新型集会地。结伴前去翻翻新书，成了读书人之间心照不宣的默契。跟几十年前一样，大家依然习惯走到书架前，享受翻阅书页的真实触感。"我们能够聚在一起谈谈书、聊聊书，就很幸福。"阎天感慨着。

在北大耶鲁中心，围绕着新书所举办的一系列小型座谈会，也是老师们之间一起策划书、一块儿聊书的好机会。除了章永乐、左亦鲁、田雷、刘晗等法学研究同道者，不同领域的专家也被邀请前来交流。在阎老师自己的新书座谈会上，劳动法领域的老师基于由内而外的视角，从对于本学科的价值谈到面向外部的启发；法理学、法史学、宪法学背景的老师则秉持着由外及内的视角，借由法学发展中共通的规律与追问，分析书中聚焦的小问题所折射的宏观背景；编辑出版界的老师会关注这本纯学术著作的出版价值，分析这本书在学法律与不学法律的读者中产生的社会价值……同一本书，在不同领域的行家眼中，通过多维度的交流，激发出相异的理解与启发，又从各自的立场出发，在如火如荼的解读与讨论中，碰撞出这本书的新意。

纵使许多书友聚会已成历史，人们越来越倾向于线上买书、在线聊书，这一态势的庞大流量，也让阎天非常惊喜。随着时代更迭，新的读书形式不断涌现，但读书人对书的特殊情感常在，以书为媒的文化生活也会一直留存，陪伴着代代读书人。

钻进书房，好好读

每一本书都有生命，每一段文字都有力量，每一次阅读都是心灵的旅行。

作为社会科学学者，读书已然成为阎老师工作的一部分，是他每天必做的事项之一。虽然难有大块时间进行系统阅读，但他依然坚持每天与书为伴，零碎地列下书单、完成阅读。

在阎天心中，纸质书是不可取代的存在，不仅在于实体书上标注、翻找的独特触感，更是一份强烈的仪式感。"学生时代，什么也没有，学术梦想也那么虚无缥缈，在笼罩大家的焦虑间，有什么是可以把握住的呢？"阎天给出的答案是书籍。那时候，同学们每一次搬宿舍、搬家,都会"刻意地"尽快用书填满空间,一股充实感便会油然而生。这是因为,"一本本书码起一座城堡,既是有形的也是无形的,既可以抵御自身的焦虑,也可以抵御外界的诱惑。"书页的气味弥散在空气中,浸润其中的阎天,随之坚定起成为学者的理想。

阎天将"学以致用"视为读书的基本原则,以此为纲,根据不同的阅读目的,有着无需拘束的对应方法。对于需要引用的材料,他会认真做好笔记,以便最大化汲取信息;而对于寻求启发的书籍,他会将所读所感与自己的研究相联系,偶尔发圈分享;而对于闲书,他则尽情享受阅读的乐趣,让心灵在书海中自由徜徉。

多背景的出身也奠定了阎天广泛涉猎的阅读习惯。求学时期,作为宪法行政法专业的学生,他却得到了法学院各个领域老师的滋养,在本科毕业论文写作过程中受到叶静漪老师指导,后来又跟随王锡锌老师继续攻读硕士研究生。有意思的是,这两位老师一致认为,阎天应该同时研究公法与劳动法,一定可以收到相互促进的效果,特别支持他"两线作战"。一边阅读公法相关的书,一边与师长好友共同探讨劳动法议题,让阎天受益匪浅;待到他回校任教之时,将劳动法与其他法学分支相结合,构成他教学的基本思路,就连目前所出的四本专著,也分别对应于劳动法与宪法、行政法、法史学、法理学的学科交叉研究。

"这就是北大,从来不是'一个萝卜一个坑',而更像是一棵大榕树,每位老师都是一条气生根,树冠相连,交相影响着。"

于阎天而言,书房是"人类的洞穴",书如山一般,是可以依靠的存在。可以遮风避雨的深洞、依山傍水的住宅,是人类本性中就喜欢安居的处所。在阎天的书房,可以与劳动法学界无数的前辈对话,可以背倚着他们,潜心沉浸在学术的世界中。在钻研间觅得一番洞天,在书海中"诗意地栖居",此为山。走出书房,投入滚滚红尘之中,又可顿觉豁然开朗、心旷神怡,一个偌大的世界徐徐展开,所学不仅隐于书斋,还与外面的一草一木、一举一动脉脉相通,此即为海。

书房内外,是截然不同的两个世界,是各异又精彩的两种生活方式。在"读书"中,积蓄着力量,引领社会对公平与正义的不懈追求;又在"读世界"中,跃入一片身体力行的无垠旷野,岁月流转间坚守着耕读与秉笔。

这正是属于阎天的"居"室,踏入其间,满是"法律人的诗意"。

美趣

窗外四时好景,花木掩映成清赏;窗内书册堆叠,与心交映自成一片风光。此心自有安处,漫读诗书万卷;文字蕴藏百味,淡品人生甘苦。立于书房,日影与月色在纸页中迁跃,召回隽永记忆,长伴鸟声花事、暮雨朝烟。

陈平原，北京大学博雅讲席教授、中央文史研究馆馆员。1987年毕业于北京大学中文系，获文学博士学位。主要研究领域有20世纪中国文学、现代中国教育及学术、中国小说史、中国散文史等。代表作品有《中国小说叙事模式的转变》《千古文人侠客梦：武侠小说类型研究》《中国现代学术之建立》《触摸历史与进入五四》《作为学科的文学史》等专著。

夏晓虹，北京大学中文系教授。1978年进入北京大学中文系，1984年硕士研究生毕业，留校任教。主要关注近代中国的文学思潮、女性生活及社会文化。著有《觉世与传世——梁启超的文学道路》《阅读梁启超》《梁启超：在政治与学术之间》《晚清文人妇女观》《晚清女性与近代中国》等。

夏晓虹 陈平原

"职业读书人"的读书之乐

文／顾思程、刘文欣

真正的读书人，古今是不分的。没有说只读现代书，不读古代书。

陈平原在书房中

    步入北大中文系教授陈平原、夏晓虹夫妇家中的一刻,方知"书城"洵非虚言,而是对眼前光景恰如其分的描摹——书籍从墙角生长至天花板,又向沙发、五斗柜、壁橱、餐桌漫溢。主人陈平原简直"望书兴叹",直言"书影响到了人的生活质量",但又有几分无可奈何:"积习难改,以前喜欢书,现在还是喜欢书。"

    陈平原自称"职业读书人",他认为治学是志趣所钟,也是一种职业选择:"对从事其他工作的人来说,读书当然是一种很值得嘉赏的行为，我呢，整天在读书，整天在写书，这就是我的饭碗，没什么好吹牛的。"

颇有些俏皮的话语中，可见陈平原一贯务实的作风。"读书人"的定位，也塑造了陈平原家中书房的风貌。与传统藏书家不同，对待书籍，他不务求珍本秘籍，无意炫博好奇。书房中不时上演的书籍聚散，也传达出"职业读书人"的眼光、理智与通达。

累筑书城，可抵日月漫长

> 其实，我们家的藏书我没有统计过。

不统计藏书，正是不以藏书规模为意，陈平原表示："藏书规模大小，其实不是一个很重要的事情，关键在于，是否真正喜欢读书。"但他可以迅速说出到目前为止，他捐给家乡潮州的韩山师范学院图书馆的书籍数目：一百六十多箱。而且，这个捐书的过程还在继续，只是整理分类需要时间。管中窥豹，也就不难理解他为何感叹"书占据人的生存空间"了。

20世纪八九十年代，北京九城内外的各种书摊、书会、书店，常常可见陈平原骑自行车穿梭其中的身影。淘书、访书，是中文系学生大多会有的经历。陈平原的妻子夏晓虹也毕业于北京大学中文系，两人发现因为专业相近，好多书买重复了。

同是近现代思想文化的研究者，陈平原不仅关注传统文学的现代转型，更将学术视野辐射向晚清民国的大学教育、都市文化乃至通俗画报；作为梁启超研究的大家，夏晓虹对近代思潮的追索横跨文史，更在晚清女性文化研究方面取得一系列扎实绵密的成果，以独特视角再现晚清社会与思想的新变。

书架上的摆件

陈平原解释道:"做近现代研究的人,藏书往往是最复杂的。"近代中国,旧传统尚未消散,新思潮纷至沓来。华洋折冲、新旧会通,种种抵牾与断裂编织出那一时代的独特魅力,也意味着研究者必须具备融贯古今、接续中外的宏阔视野与阅读积累,陈平原称之为"上挂下联"。"因为近现代本身和古代、国外的关系,我们需要收藏的面会比较广。"除了广泛掌握研究对象所涉及的基本资料,读书人必读的基本典籍,同样要纳入近代文史学者的书林。

真正的读书人,古今是不分的。没有说只读现代书,不读古代书。再加上传统的文史不分,藏书芜杂也就可想而知了。

这种包罗万象、众体辐辏的百科式藏书固然是专业特色所致,但也与陈平原、夏晓虹二人重视史料与文献的学术取径不无关系。

"做文献的人锱铢必较,不肯放过断简零编。"对文献持久的兴味不可避免地造成藏书的纷乱,但在陈平原看来,这也是史家本色:"读经学出身和读史学出身不一样。经义会有自己的阅读理路,讲究不断推敲,但是史学要求广博,我们必须有更多的参照系。资料、版本都是我们经常考虑的问题,所以家里的藏书乱跟这个有直接的关系。"

书海泛舟,在时间的淬炼中,博观群籍的上下求索最终凝结为学问的识断与洞见。

在学术界,陈平原、夏晓虹的研究向来以持论谨严、沟通文史著称,而除了各自的著作,二人还联袂编辑了《二十世纪中国小说理论资料(第一卷)》《北大旧事》《图像晚清:〈点石斋画报〉》等一系列被学界使用甚广的资料图书。

这类学术工作是受鲁迅启发。"做研究,第一步是整理自己独立的资料,建立自己的资料库,这是我们从鲁迅那里学来的。鲁迅写《中国小说史略》,先整理《古小说钩沉》《唐宋传奇集》《小说旧闻钞》,所以我写《中国小说叙事模式的转变》《二十世纪中国小说史》第一卷,就会编小说理论资料;做北大校史,就编《北大旧事》;做画报研究,《左图右史与西学东渐——晚清画报研究》《图像晚清:〈点石斋画报〉》就是雏形。"每做一项研究,必从原始资料的纂集入手,这正是陈平原、夏晓虹的论著堪称坚实丰厚的"秘诀",并且因秉持着明确的学术意识,这些编著也可供后来者使用,嘉惠学林。

或许很难将学者挥洒自如的文字与集腋成裘的孜孜矻矻联系起来,但不得不承认,文献的搜集披阅绝非易事。

"这种东西,才气再大的人也没办法一蹴而就,必须是漫长的岁月,不断地积累。"

说起夏晓虹对梁启超佚文的钩沉,陈平原都有些叹为观止:

陈平原、夏晓虹编著的作品

夏晓虹辑《饮冰室合集集外文》书影

"夏老师每到一个地方访问,不管国内国外,首先看有没有梁启超的资料,她就是这样一路走过来的。"二三十年的心中记挂,成就了皇皇三卷本的《饮冰室合集集外文》,也令夏晓虹的梁启超研究在海内外独树一帜。

至今,陈平原在课堂上讲起鲁迅的小说史研究,总要提起鲁迅的那句"我都有我独立的准备",十足的底气背后,是"书中日月长"的无尽工夫。

万卷书香，一点文气

典藏聚散与学术旨趣的迁转互为表里，可谓学人藏书的一大特点。20世纪90年代初，陈平原出版过一部极富影响力的专著——《千古文人侠客梦：武侠小说类型研究》。可是书一写完，陈平原就大手一挥将资料悉数散尽，"家里现在没有一本武侠"。

不似"武侠迷"的沉醉，而是以学者的眼光看待这种小说类型，穷极涉猎、不论精粗地阅读原始资料的过程难免掺杂着些许"痛苦"。陈平原笑称，"就像吃东西，一样的东西吃太多，会吃伤的"。伴随着研究课题的缘起、酝酿、深入、收束，一批批藏书倏忽涌现复又悄然退场，陈平原曾在接受采访时提到："随着年龄的增长，眼界及阅读范围扩大，书需要不断地收。可是有些书用过了，就不再需要保留。"唯有书中"惊鸿一瞥"式的旁征博引，见证了作者惊人的资料掌握程度。

家中藏书无论何等宏富，都无法与图书馆比肩。着手专题研究，自然要依托北大图书馆、国家图书馆的浩瀚图籍。而此前考察晚清民初的通俗读物，陈平原更是屡屡造访首都图书馆，充分利用馆中的特色资源，即精英色彩不甚浓厚的画报、杂志、通俗小说等。

> 做专业研究，必须了解各个图书馆的收藏特点。在任何一个图书馆走一圈，你就知道它的馆藏侧重和优势。这种优势不是以版本珍贵，而是以你的研究需要来衡量。

每完成一项研究课题，就会留下堆积成山的影印件、复制本。此类文献的存藏成为陈平原的一桩麻烦。"我们不是藏书家，没有藏特别珍贵的原版，藏书基本是出版物、复印件。海量的复印

陈平原刻的藏书章

书架上的摆件

陈平原亲自题写书名的"学术史"三部曲书影

本将来要怎么处理，我正在犹豫。"陈平原也指出，相较于首尾完整的成册书籍，藏书中的复印本其实最能凸显学者的特点，再现他们研究思路的演进过程。"复印纯粹是为了个人研究，有时是整本书复印，有时候是部分选印。非整本书的复印将来保存是比较麻烦的，要找得到，藏得住，又传得下去。"这些积案盈箱的连篇累帙，是思想形成的粉本，是负累也是牵念，最终构成他纠结的理由。

除了作为辨章学术、考镜源流的著述之所，书斋同样是陶冶文人气息的生活空间。客厅里的文人书画，书柜里的比亚兹莱插图、学生赠送的贺年卡、相偕同游的合影，也给陈平原、夏晓虹的书房平添了几许文人佳趣。

陈平原早年雅好治印，他刻有一枚藏书章，繁体"书"字设计为台灯形状，灯下两个正在并肩读书的小人儿，一个是他，一个是夏晓虹。近几年来，他也提倡"作为一种日常生活的写字"，主张将写字作为一种陶冶性情的生活方式，无须走向专门的技艺，也不为书法展览而作。

"在电脑时代，保持笔墨纸砚的趣味，让书法或者是写字这种技能和鉴赏的眼光能够流传下去，借此养成一个读书人的文气，这样就行了。"

陈平原的不少著作都是自己题写书名，笔墨挥洒间，自有一种酣畅淋漓、萧闲自适的文人气象。

家承、学缘与书情

二十多年前，陈平原写过一篇题为《父亲的书房》的文章，既是深情的纪念，也是他早年阅读史的追溯。两代人之间的精神

陈平原与他的书房

传承以父辈的藏书为载体,形成异代的呼应与斯文的连亘。

陈平原的父母都是中等职业学校的语文老师,家中藏书以文学类居多,其中又以中国古典文学及普希金、莱蒙托夫的诗歌为主。这对他阅读趣味及个人气质的形成颇有影响,尽管上大学后有一阵子迷上了欧美现代派文学,可到头来还是自知生命意识、思维方式、感觉趣味都更近中国传统的文士。

陈平原在硕士二年级撰写的论文《论苏曼殊、许地山小说中的宗教色彩》，多少透露出他所追摹的古典遗韵，不料这篇文章竟成为他进入北京大学中文系的机缘。作为中国现代文学学科的重要奠基人，陈平原在北大中文系的导师王瑶先生早年治中古文学，并高屋建瓴地打开了"现代文学与古典文学的历史联系"这一研究视野。在读过陈平原的这篇文章后，王瑶先生首肯：收下这位弟子。

后来王瑶先生曾跟其他人说，他看中的就是陈平原身上兼具的古典修养，陈平原也回忆道："我跟王瑶先生私下聊天，主要是谈古典文学。"

陈平原的博士论文《中国小说叙事模式的转变》甫一问世便惊艳四座，其中关于小说叙述时间、叙述角度、叙述结构的章节多受学界瞩目，"但是王瑶先生和我自己比较看重的，是我下编中对传统文体在现代中国转型的讨论，比如日记、书信、游记、野史如何跟小说对话，最后转化了中国小说的表达方式"。此类回溯式的思考，意味着陈平原对新旧转型的探索渐入佳境，这也拜他早年积淀的古典文学修养所赐。

虽为古代文学教研室的老师，夏晓虹的研究其实在很大程度上涉及近代史。出入文史的广阔视野和考辨史料的敏感意识使她的研究极富辨识度。夏晓虹的父亲是人民文学出版社的资深编辑，母亲则任职于人民出版社，少时从不担心无书可读。家中小说、诗集汗牛充栋，政治、历史书籍也并不罕见。

> 家中藏书偏于文学，或多或少决定了我后来就读中文系的选择。其实我的兴趣比较集中于历史。这种兴趣的形成，未必根植于家庭藏书，反倒是受易借、易得之书的影响。我那时看了很多历史方面的书，当然只是"中国历史小丛书"，这和我后来喜好历史、关注近代史都有关系。

尽管早年读书无人指导、漫无章法，但如饥似渴的读书体验在赋予他们基本文史修养的同时，也形塑出一代学人的思维方式和认知视角。和当下在严格学制规范中成长起来的研究生不同，陈平原认为他们那一代人在无书可读的时候，自己养成了读书的习惯，没有太早被规范，普遍带有一种不为樊笼所束缚的虎虎生气。他们不惮于对未知领域展露野心，也无意纠正旁逸斜出的科研兴趣。

《读书是件好玩的事》书影

> 好处就是我们主动阅读、自主选择的能力比较强，自己找准道路，坚持下去的毅力更加充分。上天下地，哪里有兴趣就往哪里走，逃出樊笼是自然而然的，因为本来就没有多少樊笼。

早年的阅读经验像是一道潜流，指引着他们的审美旨趣和学术取向，在未来的学者生涯中渐渐显形。

陈平原讨论读书的文章有很多，主要结集为《书里书外》《读书的风景：大学生活之春花秋月》《读书是件好玩的事》，这三本书近年都有增订版。然而，让一位朝夕与书本周旋的"职业读书人"道出心头所好，或是开列书单，在他看来都不免有厚此薄彼之嫌。

> 职业读书人在不同时期，由于不同因缘而面对不同著作的时候，有自己的感受，所以没办法说哪几本最好，或者最值得推荐。

近二三十年谈读书、谈经典的呼声愈加高涨，陈平原担心对读书"有用"的过度鼓吹反倒会将读书本身推向狭隘。相较于为各种现实需求而读的"有用书",陈平原更愿提倡读"无用书"。所谓"无用",指向对日常生活的超越、精神的丰盈和人格的完善。

这些书可以是文学,可以是哲学,可以是艺术,可以是宗教。跟自己日常生活的需要没有直接联系,与考试、文凭无关,这些书才更需要被我们谈论。

多年前,一个韩国学生来北大中文系访学,临走前告诉陈平原自己的访学感受:"中文系不同专业的学问各有特色和标准,难以评价,但我很欣赏您读书读得很开心,不苦,而且自得。"这或许是对一个"职业读书人"最好的褒奖。

易莉，北京大学心理学系学士，美国杜克大学心理与神经科学系硕士、博士。现任北京大学发展与教育心理学系副系主任、北京大学麦戈文脑研究所研究员。致力于孤独症领域研究，在SSCI/SCI国际期刊上发表论文共计50余篇，入选达沃斯论坛青年科学家、北京大学博雅青年学者，并荣获教育部高等学校科学研究优秀成果奖（青年成果奖）。

易莉

阅读让人生奇旅有迹可循

文/ 隋雪纯

读侦探小说有追踪谜底的乐趣，做科研同理。

上：马蒂斯，《红色的和谐》
下：刘可奕，《缤纷》

在北京大学易莉研究员的书房里，最引人注目的莫过于掩映于素色书架之间、白墙上的马蒂斯绘画《红色的和谐》；与之形成呼应的是书房外墙上的另一幅油画《缤纷》，同样色泽绚丽、笔触动人，向画面内外纵情舒展。这幅花树曾被用于2022年北京冬残奥会闭幕式，而绘者刘可奕，是一位重度孤独症患者。

孤独症谱系障碍是易莉的主要研究领域，她在汲取和履践书中智识的过程里不断拓宽视野，拥抱、探索"来自星星的孩子"的世界。

"读侦探小说有追踪谜底的乐趣，做科研同理。"

对阅读的沉迷与热爱不知起于何时，但易莉清楚记得自己小学时，一踏入图书馆，便获得一种难以言表的欢欣；书架上的一排排图书似乎就是爱丽丝梦游仙境中的兔子洞，藏着新鲜世界的符码。而解密、侦探类书籍尤其能引发她强烈的兴趣，小学毕业前，易莉已经读完了《福尔摩斯探案集》和阿加莎·克里斯蒂的系列侦探小说。初中时，她和朋友在学校附近的书店按日租书并交换阅读，从古龙到简·奥斯汀，从温瑞安的《四大名捕》到夏洛蒂·勃朗特的《简·爱》，易莉以每天两本书的阅读速度快乐地保持着这一爱好，成为广泛涉猎书籍的"杂家"。或许正像乔布斯所说："只有回看时，才能发现散落的人生节点原来可以在未来的某个时刻相互串联。"虽然完全因兴趣使然，但大量的阅读不仅让易莉在日后的应试教育中脱颖而出，也在某种程度上奠定了她从事科学研究职业选择的基础。

1999年，易莉考入北京大学心理学系，并在美国杜克大学心理与神经科学系完成硕士、博士阶段的深造。她逐渐发现，科研工作通过现象追踪科学问题、依据实验结果检验假设的过程，与自己在阅读侦探小说时通过严密推理最终获得答案的体验极其相似，追本溯源、水落石出所带来的兴奋和满足感令她乐此不疲，

易莉书架上的《史蒂夫·乔布斯传》，后面为易莉女儿蹦蹦的画

也是她最终成为一名科学家而且成果迭出的重要动力。

　　时至今日，易莉仍经常把科研比喻成"破案"。不过，学术研究也让她对从阅读中获得的经验有了新的理解。"概率统计"是易莉本科学习期间印象最深刻的一门课。"它重塑了我的世界观，"易莉说："让我破除了'绝对'的执念，任何事情在发生之前，都是概率问题。"她发现，如果从概率的角度思考，或许并不是像柯南所说"真相只有一个"："在科学界，真相是一个概率；我们做的所有工作，都是验证假设的过程。"

　　作为一名科学家，易莉的书架保持了"破案者"的严谨。她在其中留出约三分之一的空间，分门别类地放置所教授的"发展心理学""儿童病理心理学""心理学论文写作"等课程教学用书。而书架的另外部分，则用来放置她钟爱的各类读物。正如美国儿童文学作家玛丽·波·奥斯本所说："阅读是通向无限奇旅的通行证。"从研究生到研究者，从学生到教师，易莉以书为携引，向高处凝眺，往远方探求。除了专业书籍，在人生各个阶段，易莉有着不尽相同的"个人书单"，她在阅读中获得自省内观和心灵支持，书籍也见证了她内心的不断强大和事业的日益精进。博士毕业之初，作为学术新秀的易莉以极高的标准要求自己，将全部心血倾注于学术研究之中，《深度工作》让她意识到当代社会时间碎片化的现状，但真正的科研工作往往是在深度状态下实现的；而《自控力》《意志力》《心流》等书籍则帮助她找到提高工作效率和时间管理的具体方法。

　　2015年2月，易莉回到北京大学，成为IDG麦戈文脑科学研究所、心理与认知科学学院的研究员。经过了一段"疯狂写论文"的日子，易莉发觉自己变得焦虑，情绪状态"不太好"。这让易莉开始反思自己过度严以律己和一味追求效率的状态，她开始接触《十分钟冥想》等自助类心理书籍，尝试将目光聚焦于当下，

易莉在北大校园

不为过去未尽之事遗憾,也不过分担忧未来,在正念理论中汲取重塑身心之道。

除了学习和应用冥想等方法,易莉从阅读中深深受益的另外一个重要理念是"终身成长"。这来自《终身成长》的启发。"终身成长"理念在某种程度上也是如何"归因"的问题,易莉以学术论文投稿举例说:"固定型思维的人把拒稿当作自己的失败,认为被拒稿证明自己的能力太差,更关注结果而不是过程。而成长型思维的人则把每一次拒稿当成一次难得的学习和提高的机会,在投稿中学习,提高自己的专业技能和写作能力,之后投稿会越来越容易被接收。"

成长型思维就是"有机会改变"的思维。她逐渐由"十投九拒"的沮丧转而视每一封拒稿信为成长的机会。现在,面对审稿意见,易莉已经相当从容和熟稔:"甚至在我的学生设计实验的时

易莉书架上的冰箱贴,英文为爱因斯坦名言:"我从不思考未来,因为它很快会到来。"

候,我就已经想象出等到他/她完成论文以后,审稿人会如何质询,这些都是我从拒稿信中学会的东西。"

易莉全情投入工作和生活,从阅读的情感体验中发现职业理想和心之所向,而且书籍为她打开了更开阔宏广的生命视野。

从眼眸中,读懂来自星星的孩子

除了文字读物,易莉的书架中还收藏有梵·高、莫奈等艺术家的画册。她为这些画作所触动,不仅由于它们活泼的线条和绚丽的色彩,更重要的是,其中饱含的诚挚情感与丰沛的想象力,总让她想起自己一直研究、关注和怜爱的孤独症儿童。

在杜克大学攻读硕士、博士研究生时,虽然易莉的主要研究方向是学前儿童心理发展,但她仍在多个实验室轮换学习,从而接触了阅读、婴儿语言习得、孤独症、语言加工等不同领域的知识。其间,无论是指导老师冯刚、凯文·佩尔弗雷,还是后来的合作者李康都提示易莉,孤独症是一个可以充分开垦的领域,这

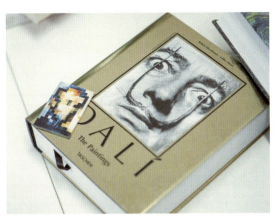

关于孤独症研究的相关书籍

也成为她此后在此深耕的重要课题。

孤独症或名自闭症，是一种终身的神经发育障碍，病因不清，无特效药，很难根治，孤独症儿童又被称为"来自星星的孩子"。早在2005年，美国《科学》杂志即已将孤独症的成因、早期筛查和干预列为125个重大前沿科学难题之一。过去十余年，易莉和她的团队接触了几百个孤独症孩子及其家庭，致力于揭示孤独症的社会认知障碍机制，为早期筛查、辅助诊断、精准治疗提供干预和康复的科学依据，而"眼睛"成为她探索孤独症的一条路径。

与一般实验室相比，易莉的实验室显得格外温柔可爱，她不仅充分考虑儿童对色彩、装饰的偏好，并且还准备了许多绘本、故事书和毛绒玩具，而角落里则是实验室的主角——眼动仪，通过它们与近红外成像和脑电仪的配合，可以了解孩子的眼神聚焦在何方，从而进一步获知他们的注意力在何处；而放置实验仪器的桌子也是由易莉精心设计的，可以上下调节，以适应不同年龄段孩子的身高，从而让"被试"的体验更舒适和自然；易莉似乎有意将"实验室"的角色让位于"游戏房"，除了在设施条件方面"打掩护"，如何让孤独症儿童接受并配合实验，她和学生们也费了一番心思，易莉举了一个例子：

> 如果你告诉孩子，"屏幕上出现一个红点，按左键；出现一个绿点，不要按键"，那么他们大概率是不会照做的；但是如果你改一下设计，变为"小明丢了一只猫，你能不能帮忙找到它？如果看到那只猫，就按键；看到狗，就不要按键"，那么小孩子大概率会配合，因为帮助大人，是他们内心的一个非常淳朴的愿望。

经过大量实验，易莉在眼动扫描模式中发现了孤独症儿童的异常。正常的孩子能够从视觉刺激中发展出正常的社会关系，"和别人说话时要看着对方的眼睛"这一被普通人视为理所当然的常识，在孤独症儿童的世界里却是新鲜和陌生的知识，他们很少与人有目光的对视。在进一步研究中，易莉发现，孤独症儿童对眼睛的回避并非出于漠视，相反，恰恰是由于他们对痛苦和情绪的过度敏感，这也成为他们社交和交流障碍的重要因由。

尽管易莉在 2020 年已凭借对于孤独症领域的重要贡献入选青年科学家榜单，但她还是感到"接触的孤独症儿童越多，就会发现自己知道得太少"。"孤独症"这一词汇所指涉的具体对象远比字面含义要复杂得多，不同孤独症个体的障碍程度和能力水平千差万别，而又因其病程漫长，约 90% 的患者病情持续一生，半数以上需要终生养护。尤其是近二十年来，孤独症患病率逐年攀升，更给无数家庭带来巨大压力，让每个孤独症儿童都能得到针对性的训练，是易莉的另外一个重要目标。近年来，她尝试通过人工智能手段帮助孤独症儿童进行社会规则、知识和语言等方面的学习。

事实上，在内心深处，易莉反对将孤独症称为一种障碍："它

实验室里的玩偶

其实是一种非常特殊的特质。"相对于"病人",她更愿意将孤独症患者视为"Outlier"——这也是她很喜欢的一本书的名字;"outlier"是数学中异于平均数的存在,而孤独症人士异于常人之处,有时也恰恰是他们的异禀天赋。有一些人会因孤独症的重复刻板行为发展出一个具有局限性的兴趣,从而成为某一领域的天才。比如,有一些孤独症儿童在认字时将关注点放在解码汉字方面,能在几秒内说出某个字的笔画数量;有的能在小学一年级时就把元素周期表倒背如流;有些则在绘画、音乐方面表现出特殊的学习能力。易莉也努力发掘和捕捉着"outlier"这些闪光点,帮助他们在社会中得到更广泛的接受与认可。

2023年10月,在易莉担任主席的北大医学孤独症国际论坛上,会议的雨伞、水杯、帆布袋、笔记本上的图画皆出自孤独症人士田天之手。她与组委会还特别邀请由孤独症人士组成的"星光益彩天真乐团"在北京大学静园草坪进行音乐表演。

"人往往抗拒跟大家不一样的人,所以对特殊人群的关注、理解和支持是难能可贵的。欢迎真正关心特殊孩子并有志于改善他们的困境,而不是仅仅想拿学位、发论文的学生加入我们实验室。"

这段话,一直放在易莉课题组网站主页上。正如"outlier"虽然异于常值,依然有着不可替代的意义,尽可能帮助孤独症儿童把握机会、发挥能力,成长为他们想成为的人,正是易莉从事科学研究的初心。

意料之外,成为学术写作畅销书作者

易莉虽然自小热爱阅读,却未曾想有朝一日会成为作者,更没想到会写一部教别人"如何写作"的书。不过,这一切也并非完全出于偶然。作为一名科研工作者,学术写作既是必备训练,也是安身立命的根本。"我曾惊叹世界上竟有这样的妙人,能把写作讲得这么明白透彻。"易莉清楚地记得在杜克大学第一次听乔治·戈朋教授讲学术论文写作时的醍醐灌顶之感,戈朋教授"从读者的角度写作"等观点让易莉真正打开了学术写作的门径,也让她决心将自己的方法和心得分享给更多的人。

回到北京大学后,易莉开设了一门研究生专业必修课"心理学论文写作",她不仅在课堂上通过"写作实验室"进行随堂练习与现场修改互动,同时还与助教一同在课后对同学们的作业进行详细修改,进行一对一的反馈和讲解,并组织同学们"同行评议",以使文章获得进一步提高。这门课受到同学们的热烈欢迎和

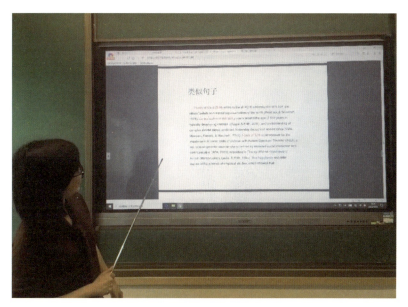

"心理学论文写作"课堂上的反馈与讲解

好评。

在总结大量例句、学术论文写作问题的基础上,易莉用四个月的时间,完成了研究生学术写作指导书《学术写作原来是这样:语言、逻辑和结构的全面提升》,从学术写作的障碍和原则、学术写作的逻辑、学术写作的语言、学术写作的流程四个方面,条理清晰地介绍了学术写作的方法。易莉尝试在这本书中传递她的学术论文写作理念,比如,作者要做到帮助读者节省能量——由于科学事实本身已经够复杂了,所以我们在学术写作中要尽量用简单的语言来减少读者的能量消耗;为此,要避免歧义,用简单、精确的语言来描述科学事实。

而在写作这本书的过程中,易莉也明显感受到"心流体验":投入忘我地凝神于字里行间,在这种愉悦和专注中甚至察觉不到时间存在——这也让她成为自己书中所倡导的学术理念和方法的具体实践者。

由于《学术写作原来是这样：语言、逻辑和结构的全面提升》的案例皆出自真实的科研论文和易莉课堂中的写作现场，因而具有很强的实操性和应用性，一经上架即获热卖，至今已加印三次，被多所高校选为研究生写作课程教材或者参考书，并荣获 2021 年北京大学教学成果二等奖。很多读者告诉易莉，这本书不仅成为诸多心理学专业研究生的"启蒙之书"，对于 SAT 考试、英语系学生专业课甚至理工科实验报告写作都大有裨益。这本意料之外的书也给了她专业研究以外的另一种意义和成就感："它就像我的一个孩子。"诞生于易莉笔下，又开拓出独特的影响领域，照亮了无数年轻学人最初的科研之路。

当科学家成为母亲

瑞秋·康奈利和克里斯汀·戈德西在《妈妈教授：在学术界实现工作与家庭的平衡》中说："如果女性选择投身学界时，能够放宽视野，坦然面对内心想要追求的目标，完全能够成功地将学

《学术写作原来是这样：语言、逻辑和结构的全面提升》书影

易莉在"儿童青少年心理发展与家庭教育指导能力提升高级研修班"上授课

业与家庭结合起来。"作为"妈妈教授",易莉逐步在实现事业和家庭不同角色的从容切换中找到多维支点,发现科研内外的隽秀与美意。

女儿蹦蹦的降生,给易莉的科研、工作与生活带来了许多改变,有一些是计划之内的责任与陪伴,而更多则是超乎预期的惊讶。她记得,女儿四个月时每天在五点钟准时大声啼哭,持续长达半小时且很难安抚,她在反复观察判断后方醒悟,原来这竟是早已熟稔的名词"肠绞痛";在以后的授课中,她也常以此为例向学生讲解,取代PPT上的枯燥概念,"学生们一下就记住了"。同时,易莉还通过亲子共读的方式培养和鼓励蹦蹦进行自主阅读,不仅现实检验了哈佛大学教育学院儿童语言与语文发展研究学者凯瑟琳·斯诺有关儿童早期阅读的观点,也让她观察到人类第二语言习得由大量"输入"到读写"输出"的生动历程。更深一层对于专业知识的体悟和理解,让理论更加鲜活生动,这是与蹦蹦"一同长大"的易莉始料未及的收获和惊喜。

在科学家和妈妈之间找到最舒适的平衡,也是女儿教会她的人生课题。在科研之路的起步阶段,易莉一度迷恋并尝试提高工作效率和专注度的各类"诀窍",但她逐渐发现,这种零停歇、以科研为全部的生活方式并非长久之道。正如玛吉·伯格和芭芭拉·西伯在《慢教授》中所言:"周期性地从实践中逃逸,可以促进我们的深度思考、创造力和问题解决能力。"

历经"学术冲刺"阶段后的易莉,更将科研视为一场马拉松,她在"提高效率"和"适度抽离"的结合之中找到了科研与工作的平衡:"给自己规定一个工作时间限度,反而能大幅提升工作效率。"而短暂抽离则会让身心得到全面放松,从而获得更好的状态重新投入工作;不过她强调,所谓抽离并不是被动地接受一些消遣(比如看电视剧),"而是主动做一些全身心投入的事情"。

书架上的摆件

易莉的育儿讲座

　　表达性写作、绘画、睡前阅读和长跑等体育锻炼，对于易莉而言都是有效的疗愈方式。

　　如果说研究孤独症儿童时，易莉与家长们的关系更侧重于理解的同情，那么从成为一名母亲开始，她对亲子关系和儿童成长的认识又因切身经验而更加完整。她相信，被诊断为孤独症并不意味着被判"终身监禁"，干预方案可以支持孤独症儿童的成长，其中，父母是为他们成长和改变创造机会的最强大力量，这也让她比以前更注重科普事业。在将专业精深的知识用更加具象通俗的形式传递给大众方面，易莉从曾经读过的两本书——沃尔特·米歇尔的《棉花糖实验》、W.托马斯·博伊斯的《兰花和蒲公英》中获得启发。前者观察学龄前儿童何时以及如何充分发挥自控力去等待两颗他们迫切盼望得到的棉花糖，并生动描述了大脑的可塑性和行为的可延展性；后者分别用兰花和蒲公英代指对茁壮生长、不畏逆境和有着过人天赋却需要特殊呵护、教育、引导的两类儿童。她尝试借鉴两书的讲述方式，克服知识专业化导致的大众认知壁垒，让研究成果和科学观点更顺利地融入普通家庭育儿的过程之中。

同时，结合对蹦蹦的育儿经验，易莉还开设了育儿讲座，进行"如何在中文语境下进行英语启蒙""童年真的无忧无虑吗？读懂孩子的情绪"等主题分享。她不仅从儿童心理学视角入手，科普儿童语言发展的研究与理论，向家长提供中文语境下进行英语启蒙的思路和建议；同时结合发展心理学的理论，分析父母如何感知、发现和应对儿童的情绪问题。作为一个母亲，她希望帮助更多家庭建立有益于孩子心理健康的良性循环，让更多儿童快乐成长。

博士毕业之初，让易莉印象深刻的一本书是 Facebook 首席运营官谢丽尔·桑德伯格的《向前一步：女性，工作及领导意志》。"向前一步"即破除障碍、实现自己的全部潜能，它也鼓励着易莉努力追求更高远的梦想；至今，这本书依旧摆在易莉的书架上，这也是不同科研历程和人生阶段中她未曾改变的坚持："女性的科研之路可能会面临更多桎梏和阻碍，但是我们要保持深思和韧性的特质，一定要有那份果敢和勇毅。"

不过，回想刚进入北大读书的时候，易莉也曾经被"冒名顶替综合征"困扰，成长和时间让她"开始习惯"并学会欣赏每个人，变得更加"喜欢与聪明的人在一起"，甚至"享受与强者为伍的过程"。她不再被比较产生的自惭形秽困扰，而是主动从更优秀的人中得到启示和省察："也只有在这里，能找到与自己同频的人。"随行于人生旅途中的书籍和成果迭出的科研，也在不断向易莉传递着有关内心和外在、科学与自我的崭新经验，让她的生活从一元变得更多维精彩，并建立起更加稳固的生命坐标。

踏入燕园21年后，当易莉以教师代表身份在北大心理与认知科学学院2020年毕业典礼上发言，她对学生的寄语是"倾听自己内心的声音，做真正想做的事"，这是她通过书籍内外锻造的人生经验，也是对后进者的祝福：

> 珍惜人生奇旅的每一种体验，保持达观与开放，守护内心秩序的稳定与恒常；勇敢面对世界千锤百炼，无论"孤独"与否，每个人都有不可替代的意义和光亮。

贾妍，美国哈佛大学艺术与建筑史系博士，研究领域为古代近东艺术与建筑史、古代埃及艺术史，现为北京大学艺术学院副教授、研究员，任艺术史系主任、博士生导师，同时兼任北京大学古代东方文明研究所研究员。两部研究专著《推开帝国之门：亚述青铜门饰浮雕研究》《塔缪的世界：埃及猫的艺术史》即将出版。

贾妍

她在北大，有一间"猫"主题书房

文／顾思程

做古代艺术史就是一个拼拼图的过程。

未名湖畔的暮色烟霭收束进均斋的窗棂，像是一帧随季候推夺、晦明变幻而时时变迁的山水册页。它的对面是一幅经年不替的"缪书房"匾额。"缪"是猫在埃及语中的发音。它们化身为沙发上的抱枕、书架中的摆件、高悬墙面的拼图图案、人物画中喧宾夺主的配角……俨然是书房主人爱猫心切的表征。

如果说置身一处满是陈列品的空间，通过器物的内容还原不在场的收藏家是何许人也，这是艺术史研究的议题，那么走进艺术史研究者贾妍的书房，观览这方绾合了古意与巧思、治学与玩物的所在，未尝不可拼织出书斋中人的情致与意趣，以及为学的当下与过往。

玩物，云养一只"塔缪"

推开贾妍书房门扉的一刻，造访者也许要疑心自己化身成了误入奇妙幻境的爱丽丝。目光未及与四壁琳琅插架相接，就已然被色调明媚的各式样摆件俘获，汲汲于对它们展开巡视：在相框上缘歇脚、在工作台书丛中驻足的蓝精灵；巨幅海报连同数张古埃及人物纸草画描补留白，一旁的置物架搬演出《丁丁历险记》的剧目；桌面瓦罐中的石榴枝条娟娟作花，台灯灯柱攀缘着毛绒熊猫，小王子迷你玩偶于灯罩处凝伫。多有来自大英博物馆的纪念品托身于此，化作书林丛生处的点点亮色。在这一方以古代美索不达米亚为时空终点的往古天地，玲珑工致的物件摆设与大部头的图谱画册、中西文著作各得其所。最令人应接不暇的，还是书房中俯拾皆是的"猫"。贾妍笑称"缪书房"是一座有关"猫"的主题公园。它们藏入玩偶和图案的躯壳，三三两两蛰伏在墙头桌角，栖息于书斋中的罅隙。

贾妍书房中的摆件

多年前,尚在历史系攻读埃及学的贾妍,与书卷中一只名唤"塔缪"的古埃及猫邂逅,"因为觉得很可爱,所以暗暗地把这只名存实无的猫安排进了自己的未来"。那只遗落在历史深处、面目模糊的猫咪迟迟未能脱化为安然蜷缩在缪书房中的宠物。不过终有一日,封存故纸堆的塔缪挣脱古今异代的枷锁,它的前世今生被贾妍写入笔端,衍为一只活泼泼的生灵。

2020年,已是古代近东艺术史学者的贾妍与定格在古埃及历史图景中的塔缪重逢。学生时代养一只猫的突发奇想开始成为女儿念兹在兹的心愿,塔缪的身影再度浮现脑海。也是在那一年,北京大学文研院邀请她写一些半通俗半学术的艺术史文章,因此有了连载四期仍令她意犹未尽、迟迟不愿搁笔的《塔缪的理想:"云养"一只埃及猫》。揭开埃及猫置身的世界一角,贾妍完整盘点了分散于世界各大博物馆埃及文物里的"神猫"藏品,娓娓道来埃及猫神圣属性的渊源所自、归向何方,再现自然界中的猫逐步走进埃及人世俗生活与精神世界的轨迹。她的笔触深具学术考索的覃思精研,而爱猫者身份的加持,又赋予了文章穷源竟委的热望、趣味横生的想象。学术以外,"塔缪"系列成功引起爱猫人士的关注与兴味,她由此建立起与北大猫协和校内诸多猫咪爱好者的友谊。

古埃及人是最早驯养猫的民族之一,他们也率先在艺术品中为猫留下了一席之地。延伸至信仰体系,猫是古埃及神话里极为重要的神的显现方式:它是太阳神的化身,也构成女神贝斯特的外观。类似现代人所谓的"高级治愈","古埃及人认为猫是一种集灵性、神性于一体的动物,可以助人洞穿黑暗,点亮光明,回归宁静"。

《塔缪的理想:"云养"一只埃及猫》书影

对于贾妍来说,梳理古埃及艺术中有关猫的点点滴滴,恰是一种特殊的吸猫方式。彼时疫情的阴霾挥之不去,彷徨与焦灼如影随形,埃及猫将她引入一片宁谧幽静的洞中世界,隔绝了受困于现实的黯然情绪。书写埃及猫的故事,她感到前所未有的放松,"因现实状况而焦虑的心受到了抚慰,仿佛多年前塔缪的理想终于得以实现"。现如今,贾妍关于埃及猫的研究文章即将结集出版,埃及猫在她的文字书写中恍若重生。她也隐隐期盼着,有朝一日,寄托于想象、流连于遥远时空的塔缪能从虚幻中片片剥蚀,组成一只休憩于身畔、漫步于书斋的猫咪。

贾妍书房中的猫咪拼图

左图右史,行走于文字与图像之间

贾妍笑称艺术史是一个可以名正言顺"玩物丧志"的学科。她钟爱收集工艺品、小摆件,以合乎个人审美的方式呈现它们。她时常想象布满小玩意的角落,是玩具总动员的微型舞台，只是这方舞台漂浮在书海之上。

即便书城高筑、恣意生长，书柜顶端与天花板的一段空隙也被书册堆积为重峦叠嶂，贾妍仍旧坚称自己是"缪书房"中的读书人，而非笃志广搜博采的藏书家。书斋一分为二，辟为阅读区与写作区，藏书也因其当下的实际功用，在两种不同的空间中进进出出。

架阁中的书籍遍及中外艺术史各个时段，厚重的画册占据其半。因图像资料极少再版，部分存藏是贾妍在伦敦书肆淘来的古旧书。沙发旁低矮的圆柱形斗柜，安放专业之外的兴趣读物，诸如先秦诸子、中古文学、新文化史，题材驳杂，不居一端，源于读书人一时兴之所至而麇集于此。T字形写字台一侧，临窗摆放的书籍如错落有致的音符连缀成的五线谱。端坐电脑前，此类工具书触手可得、随取随用，多半成为学术论文中的一条引文、一则注释与课件中的一帧图画、一行解说。三处藏书之所，对应贾妍不同的读书场景与阅读心境。

贾妍习惯在林立的书架前盘桓，利用碎片时间信手取下一部图录随意翻看，漫无目的的披览往往与不期而遇的灵感、意想不到的发现相伴。而备课之前的读图更接近竭泽而渔的地毯式搜索，是充分准备讲授素材的前奏："写文章、做科研是专门之学，而授课无疑需要更大的一方池塘。"翻阅微型斗柜中的兴趣读物，像是在长久伏案的间隙服下一味清凉散，不必正襟危坐、严阵以待，自可在一番安闲的意绪中于字里行间玩味并徘徊。而端坐桌案电脑前的科研时分，手边的工具书和图谱是资料库的冰山一角，阅读纸本让位于阅读屏幕。她倾向于将撰写论文时用到的篇幅浩繁的专著扫描为电子版，以减轻翻检覆按的劳碌。

淘过旧书，收过珍本，辗转他乡异国，不计关山迢递。那些远道而来的图籍挤入书架，意味着寻寻觅觅的经历、稍纵即逝的

贾妍在书房中

因缘自此被标记。不少书册来之不易,它们的价值一时难分轩轾,然而,只要问及哪一本书是贾妍的至爱,她会不加犹豫地挑拣出放置在业师艾琳·温特教授照片后的精装巨册——《沙曼尼瑟铜门浮雕》,1915年原版。它是艾琳·温特教授送给她的毕业礼物,承载了一段学脉赓续、斯文绵亘的佳话。

2005年至2015年,贾妍问学于艾琳·温特教授门下,专攻古代近东艺术史。在哈佛大学艺术与建筑史学系苦读的十年光阴,她从古埃及移步至古代两河流域,笃志钻研亚述时期遗存的图像,最终确定以亚述时期的铜门浮雕为博士论文议题。毕业典礼当天,艾琳·温特教授将这本与贾妍的研究课题相关的著作,郑重交给她。巧合的是，这本书成为贾妍个人收藏的一刻，距离它问世之初刚好过去了一百年。书的扉页有一行赠言："For Jia Yan,28 May 2015,your open door,my closed door."亦即"你的开门，我的关门"。艾琳·温特教授早在 2009 年就已荣休，贾妍是她从教四十余年的最后一位学生。她从哈佛艺术与建筑史系汪悦进教授那里获悉中文有"关门弟子"的说法，在赠言里以此为喻，将她对贾妍的期待和祝愿编织在这句精巧机趣的双关里。

书斋，一座记忆宫殿

贾妍少年时喜读三毛的文章，神秘的异域、未知的远方让她心驰神往。其中，她情有独钟的少不了《我的宝贝》一书。三毛笔下沾溉了个人生命体验的收藏，诸如旅行途中偶遇的心仪工艺品、作为信物的骆驼头骨，它们关合过往的记忆，沉淀为时间的标本，伴随似水流年载浮载沉。

如今，贾妍也拥有了颇为可观的"宝贝"，它们被悉心收存在书房里，如同散落海滩的珠贝兀自盈盈生光。摩挲把玩、拂拭端详，似能听见年华的跫音从窗前走过，暌违已久的过去历历在望。

一方古意盎然的木雕是贾妍父亲的作品。那一年她从哈佛学成归来，重返燕园任教，在窗明几净的均斋桌案前，来京探望女儿的父亲将"窗外一塔湖图，门里两河春秋"镌在刚刚完成的雕塑上，像是一道点睛之笔，注入无限欣慰与殷殷期望。一只通体透明、尾羽纤长的玻璃鸟，是贾妍的丈夫游历威尼斯玻璃岛时为她买下的纪念品。历经旅途颠簸，一路漂洋过海，它居然在燕园的书架上毫发无损地着陆，不得不说是个小小的奇迹。门后的留言板贴满女儿幼年的画作，稚嫩的笔触定格天真的想象。它们作

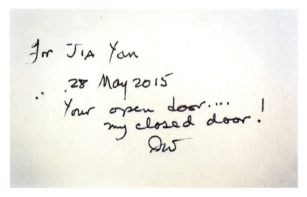

《沙漫尼瑟铜门浮调》扉页上艾林·温特教授的赠言

为礼物郑重其事地送到她的手上，带有不逊于文字的直指人心的力量。无论是旅行中的偶然收获，还是承载着友情与亲情的赠予，这些纪念物盈满过往历史的回眸，聚首于小小的书室。

负箧哈佛的年月，以一部博士论文作结，也在她格外宝重的几件藏品中延续历久弥新的记忆。十载光阴，有焦灼不安的日夜、发扬蹈厉的瞬间，也有永志难忘的故事、枨触萦怀的感念。

阿卡德语、楔形文字早已是贾妍的旧相识。昔日学习陌生语言文字的经历收合在装订成册的活页本里，安卧书房一隅，见证了贾妍求学哈佛期间锐意攻克古代近东语言屏障的坚决。读博期间，如果第二天有语言课，当晚必然是漫长而紧张的不眠之夜——她一定会提前逐字逐句对新课涉及的语料进行注音释意，翻检辞典，寻绎文法，廓清字义。在电子笔记不甚盛行的年代，学习《吉尔伽美什》史诗，先要完成一篇细致到琐碎的笔墨注记：打印原文，将字句裁剪成条粘连在活页本上。一行原文、一行音标、一段翻译，层层叠叠往复下去，编织成一张绵密的网，网罗来那些晦涩多歧的意义符号、广阔幽深的往古文明。而《吉尔伽美什》开篇所言，仿佛是来自"深渊"的诱惑，也被贾妍视作她走入古代近

贾妍读博期间学习近东语言的笔记

制作滚印

导师艾琳·温特教授的照片

东艺术史的隐喻——饱含甘苦却永远沉迷。

一面滚印碾过的图章静静躺在书柜深处。贾妍在哈佛大学攻读艺术史的岁月，博物馆就是她的朝圣之所："几乎每门专业课都有一个相关的 field trip（实地考察旅行），通常方式就是老师带着大家去博物馆看展，所以上课的那几年一个学期总要去一次大都会，波士顿美术馆就去得更多了。"观展之外，她在哈佛大学博物馆工作一年，编过图录，写过策展文书，制作的印章印迹至今陈列在馆。较之视觉上的观瞻流连，更为难能可贵的是，她有充分的机会亲身触摸藏品，体会手、眼在某一物件上产生的扣人心弦的交织。贾妍的导师艾琳·温特教授在哈佛常年开设的一门名为"Cylinder Seals"的课程，带领学生学习两河滚印上的图像和相关文化。课堂上，学生跟随老师观看、阅读滚印图案，亲手使用收贮在哈佛博物馆的"最精彩最有代表性的"滚印藏品。贾妍在一次操作课中，手持距今几千年前的印章，依循两河先人的方式在陶泥上缓缓滚动，观看印文浮现其上。目睹滚印成文的一刻，仿佛肉身回到了古代两河流域，与劳作的先民行迹如一。抚触历史遗物，比照千年前的人们使用它的方式还原其世俗工序，由此唤醒身心的叠合与异代的共鸣，其中的感奋与激动绝非隔着玻璃远远观览图像可比。

一张已有二十余年历史的学术讲座海报，精心装裱后悬挂在书桌后的墙体，背面写有一句临别赠言："From now on, you have to fly on your own."难以想见，这件看似寻常的物件成为贾妍的个人收藏，其间充满多少机缘巧合与兜兜转转。1998年，贾妍日后的博士导师艾琳·温特教授在德国举办了一场学术讲座，讲座海报被一位有心人保留。十七年后，这位有心人、哈佛大学近东语言与文明系的彼得·马奇内斯特教授作为评审专家出席了贾妍的博士论文答辩现场。论文通过后，他将十数年存藏不置的海报送给了眼前这位艾琳·温特教授的关门弟子，以志祝福与鼓励。那一天是贾妍求学生涯的终点，也是她独自闯出一方学术天地、在古代近东艺术史领域开疆拓土的起步。

艺术史，就像拼图游戏

贾妍的书房中多以她完成的拼图作为墙面装饰画。读博期间，贾妍迷上了玩拼图。这是一项手眼并用的游戏，需要高度的专注、敏锐的观察与丰沛的想象。从上百种无序的碎片中绅绎头绪，聚焦孤立的断章，依傍色彩、纹理、形状完成排列组合，还原出完整的图像。在贾妍眼中，拼图游戏对思维的操练与古代艺术史的上下求索何其相似。

"做古代艺术史就是一个拼拼图的过程。"绵邈而朦胧的古代世界只显现出依稀的景光，壁画仅留一角，神庙但余断壁，索隐遗迹的内涵，破译它们所置身的已然消亡的意义世界，无异于用

贾妍收藏多年的学术海报

书架细节

墙上挂件

三五十块拼图碎片还原出本由一千个零件组成的画面。拼拼图同样是贾妍撰写博士论文的一重隐喻：出土于今伊拉克北部巴拉瓦特遗址的三组青铜门浮雕带，是她手握的材料残片。她需要达成的终极目标，则是以此重构亚述帝国早期三座形制宏巨的宫殿与神庙大门，描绘出完整的空间结构和图像逻辑，并且溯流而上，抚触新亚述时期帝国扩张的脉搏，追踪帝国统治路径的走向。浩瀚已极且繁复非常的历史空间，就隐没在区区数十片断章之后。

比照零玑碎璧、残丝断锦勾勒昔日的殿堂庙宇、浮光跃金，呈现湮灭在历史深处的文化生活的质地与肌理，重构遗迹承托的历史文化意蕴，在文明的长河中爬罗剔抉、刮垢磨光，这条路引人入胜，也毋庸讳言它的荆棘丛生。

由世界史而埃及学，最后跃入古代近东艺术史的天地，贾妍的学术之旅既充满偶然，却也不乏恒久的热望与不移的初衷贯穿其间。初入北大历史系，她早已感召于三毛笔下丰饶的异域与远方。学术的寄托、探索的薪向落定于大三修习"古代东方文明""埃及象形文字"的过程。在贾妍的记忆中，讲授这两门课程的颜海英老师颇有恂恂儒者之风，抽丝剥茧、娓娓道来之际，深具辄解众纷的从容。课堂上师生共读《亡灵书》，气氛宁谧且治愈。听者不必经历一番艰难跋涉，便可与古埃及文明心意相通，生发出"真实而轻巧的愉悦"。直至硕士阶段，贾妍一直追随颜海英老师漫步在埃及学的旷野。研三访问开罗大学期间，视觉材料的魅力在她眼中衍为一段传奇，图像之下的意义世界熠熠生辉，她第一次对

2014年冬博士论文答辩后与导师Irene Winter教授（右）及答辩委员会主席哈佛近东学系Peter Machinist（左）教授合影

看实物、泡博物馆、跑遗址的重要性深有会心，"同时领悟到，对埃及这样的古文明，视觉材料可以比文字记录更加丰富"。她尝试思索解读这些视觉材料的方法，一探其背后是否有类似于文字的语法和规律可供依循，追索"那些谜一样的图像究竟有什么涵义"。自此，她有意从古物和图像出发，理解进入历史情境的另一种可能。

即便贾妍是艺术学院第一届双学位本科生，对艺术史这一专门领域并非一无所知，但是真正改弦易辙、笃志深耕艺术史专业，实则发轫于她饱览开罗博物馆的藏品，困于一知半解、抱憾盲点实多的时刻。"人类进入文明史的初期，图像和文字的区隔并非那么泾渭分明，比如一尊镂刻铭文的雕像，很难断言究竟是文物还是文献。"历史系的学术训练讲求解读文本材料的功底，较少涉及图像记载的分析。参访开罗博物馆留下的种种疑团与迷雾，让她意识到艺术史是一个极为有用的学科。

从涉足埃及学开始进入广义上的近东研究，又在求学哈佛之初转到古代两河艺术史领域——一个以19世纪中期楔形文字的破译为起点的学科，距今不到两个世纪。"与埃及不同，两河文明地表遗存相对较少，所以基本上算是一锹一锹从泥土里挖出来的古文明。"两河文明因考古发掘得以再现昔日辉光，它们包覆在时间与风沙织就的茧中，等待重见天日、一朝破解的刹那。无论是行走在古代美索不达米亚的荒芜废墟，还是驻扎在大幅空缺的学术版图上进行不懈的尝试、复原、拼合，贾妍的心中充满对过往传奇的无限礼赞，也不时激荡起无可言喻的幻灭感——因为遗迹总是在猝然间消散，从此陷入永久的寂灭。如果说过去两百年，研究者见证了一个未知的世界伴随遗迹的发掘在眼前徐徐展开的过程，充斥着英雄式的探险和戏剧性的情节，那么在当下的时代，"我们也见证了已知的神迹在我们眼前轰然崩塌、幻化成灰的过程，伴随而来的是很多历史秘密永远的隐去"。

很久以前，学生时代的贾妍被米兰·昆德拉笔下一个奇妙的比喻深深打动。在托马斯的生命中，特蕾莎就像一个被人放在树脂涂覆的草篮里顺水漂来的孩子，他在床榻之岸捞起了她，"怎么能让这个装着孩子的草篮顺流漂向狂暴汹涌的江涛？"浮现于历史的风尘中，被时间裁切、雕琢的遗迹碎片，等待有心人从中再现原貌，谱成完篇。它们对于贾妍的意义大抵如是："你不伸手去抓住它，尽其所能地保护它、了解它，它可能就永远地消失在狂暴的江涛里了。"这是她学术生涯里的不能承受之轻。

赵冬梅，北京大学历史学系教授、博士生导师。曾于中央电视台《百家讲坛》栏目讲述寇准、司马光等历史人物。出版有《文武之间：北宋武选官研究》《大宋之变，1063—1086》《法度与人心：帝制时期人与制度的互动》《人间烟火：掩埋在历史里的日常与人生》等作品。主修宋史，在官僚制度、官僚生态、社会生活等领域有着深入的研究。

赵冬梅

一本书就是一条河流

文／钟润文

我的整个书房呈现出工作用书的状态。

初春，午后的暖阳斜斜地穿过红墙黛瓦的李兆基人文学苑，楼台转角处初见新芽嫩蕊，在清凉的光辉中，我们叩开赵冬梅老师的书房。夕阳余晖恰好打在门边的书柜上，溢满整个房间，映人脸庞。赵老师面带微笑，向我们徐徐展开她的书房故事。

办公室不大，却被书撑出一片天地。除了窗户和门，四周围着的都是到顶落地书柜，让屋子有了纵深感。办公桌在正中处，置身其中，颇有"坐拥书城"之意。桌子上摆放着一台未合上的笔记本电脑，旁边是木质阅读架，架上的书借一支铅笔展开。在桌角上横叠着几本专著，或正或反，还带着抚摸过的余温。一盏台灯长长地从书桌那头延伸过来，光线聚焦在笔记本电脑处，与透

赵冬梅和她的书房

过窗的阳光相辉映。方寸之间，安放着宋代历史的研究与阐释。

浩繁的书被书架分成一格格的小区域，整齐地排列着；离手边最近的是赵老师教学要用到的书，比如《东京研究》《东京梦华录》。和东京（今开封）相关的书从左到右列成一排，是赵老师讲授"社会生活史"这堂课需要用的书。因为宋代的社会生活，很多内容与开封即北宋的首都有关。再比如讲"宋史专题"这堂课，邓小南老师的《宋代文官选任制度诸层面》就放在离写字台很近之处。赵老师称这一片属于"工作区"。在这之上，需要站起来才能取到的书大部分都与宋代相关；而需要走几步才能拿到的书，便是其他领域的书籍，比如《中国法制史》与史学史这类的书籍。

书架细节

赵冬梅在书房中

我的整个书房呈现出工作用书的状态。

书对于赵老师来说,是不过时、不考虑钱、越积越多的存在。和其他物品不同,衣服会有不时髦的时候,如果一整年都没穿就可以扔掉了,但是书却不能因为一整年没看就扔掉。人文学科背景的人都有这样的习惯,买其他东西可能会考虑钱,唯独买书不太会考虑钱的事情。赵老师从上学的时候就开始攒史料书,每次搬家的第一件事便是打包书，她的每一本书都会随她而居。"书只能是越聚越多的。"赵老师看着满书架的书说道。

一间学者书房的形成，就是一本一本地攒，随着研究兴趣和走向的发展，这些书慢慢地成了系列、建了规模。看着书脊上暖黄的灯光，赵老师说："一位学者积聚书的过程，其实也是学问增长的过程。"

但是，有聚就有散，只是散的方式各有不同。赵老师手里拿着一本纸页发黄的书慢慢摩挲，这是她的导师祝总斌先生留下的，这是一种"散"的方式。历史学系的邓广铭先生把他的书捐给北大图书馆，书的寿命得到了延续，更多的人从中受惠。所以，书在往前走的过程中，和时间结合在一起，从而有了故事，有了人，有了深度，它变成了一条河流。

研究者与欣赏者是两种眼光

对于学者来说，读书就是工作，此时的阅读效率极高。实际上，与其说是阅读，不如说是寻找。因为在研究的过程中，心里已经有一个相对集中的问题，所以读书的目标明确。此时，研究者身份的阅读奔向的是材料，在与材料交锋的过程中，一直在脑子里对其进行加工，并且随手摘抄。

赵老师将这种研究者式的阅读称为"干活"。

> 作为学者的阅读，我手上会拿着一支笔，随时要记，要不然就可能会漏掉。有些文本，我手上没笔不能记录的时候，我干脆就不读它。

而更多的阅读者是欣赏者，作为欣赏者的阅读，文学类书籍是首选。不管我们学习何种专业，文学绝对是滋养心灵的天地。读文学经典，要找到那些和自己心性相合的作者和文字，寻找的过程，就是阅读积累的过程。

怎么判断是否相合？就是在此中我们能放开自己，感觉到舒坦和放松。结束忙碌劳累的工作之后，夜幕降临，面对桌上暖黄的台灯，翻开一本书，在那里安放白日的消耗与疲惫，避开周围的喧嚣与聒噪，沉淀自己。这便是与我们心性相合的文字带来的滋养，读得多了，慢慢就找到了。

赵老师用武术的说法来比喻这种阅读，即"返本归元"，当我们被外界拉扯、消耗得比较多的时候，一定要回来固守丹田之气；而回到内心的方法，就是回到书中。在书里，我们能安静地读下去，这便是滋养内心最好的办法，不必与外人分享，书里映照的是自我。

找得到、回得去

人文社科类书籍汗牛充栋、浩如烟海，如何有效地将所读内化于心呢？赵老师讲述了她"三步走"的独门阅读法：第一步是记笔记，第二步是做引得，最后一步是做长编，这样就能"找得到"，并且能"回得去"。

首先，读书一定要做笔记，所谓"不动笔墨不读书"。读自己的书时，遇到有所心得的内容，一定要用笔划出来，不然读罢全然忘却，慢慢就"回不去"了。"好记性不如烂笔头"，这是我们从小就明白的道理，但在电子书盛行的今天，我们多久没有感受铅笔在纸页上滑动的触觉了？所以，当我们打开一本书时，一定

工作中的赵冬梅

要记得拿起桌上的笔。

如何做笔记也有技巧,停下来大段大段地记很耽误时间,怎样能够让这一过程尽可能快又准确呢?这便是阅读的第二步:做引得,即索引式笔记。在一本书最后的空白页,记录着赵老师写下的非常精炼的短语或关键词,以及相对应的页码,这或是在阅读过程中有所心得的地方,或是赵老师认为有误的说法,或是与自己研究相关的内容。这些文字代表着这本书对于赵老师此次阅读的价值。"引得只要自己能看懂就可以,记下来什么东西,在多少页,然后回得去、找得着就行。"我们通过划线标记"找得到",又通过引得笔记"回得去",基本上能够称为"学会读书"了。

演讲中的赵冬梅

在前两步的基础上,最后一步做长编,这是对研究人文学科的同学们提出的更高要求。司马光有一篇文章叫《答范梦得》,范梦得是为司马光修书的助手。在这篇书信中,司马光教他如何搜集和处理材料,如何开展修书工作,这既是读书之法,也是作文之道,对我们学习阅读方法很有启发性。

"知识是要分享的"

如今我们常看到赵老师在中央电视台、视频网络平台进行文化普及工作,向大众讲述中国宋代历史。其实,赵老师第一次上电视时是非常不情愿的。最初去《百家讲坛》试镜时,她生怕别人发现自己上电视、做知识普及。作为北大历史系教授,在获得头顶光环的同时也被赋予了很大压力。赵老师若是去某地做讲座,她并不会在朋友圈里发讲座消息进行宣传，往往是讲座结束后才告知朋友。对此，赵老师自我解嘲说："我是一个拿着隐身草招摇过市的人。"

但是，有一句话打动了她。一位编辑对她说："知识是要分享的。"赵老师非常同意这一说法，她常会思考，在象牙塔中研究的目的究竟是什么？历史学者的价值又在哪儿呢？

赵老师认为，历史学者是代表族群探索有关"过去"这一知识领域的人。更重要的是，学者获得知识并不是为了自娱自乐，而是要分享。专业研究者不能眼睁睁地看着我们的族群，特别是年轻人，永远在接受错误的观念、陈旧的知识、满拧的逻辑。学者要分享研究出来的正确内容，那种满足于"躲进小楼成一统"的研究，是不负责任的态度。

再有，知识是有分层的，有一些内容大众确实难以企及，探求历史学的门槛也很高。赵老师进行文化普及，就是尽力将这些高深的学问深入浅出地讲出来，在接近科学理性的思维范式下，分享历史知识；在逻辑正确的前提下，让更多的人明白中国历史。这是她作为历史学者的责任，"当然我不是说所有人都得去做，可是我觉得这个群体得有人做"。

她便是主动担起这份责任的人。对于如何讲好历史，赵老师认为最重要的是建立信任。作为已经了解、掌握这份知识的学者，更需要俯下身去，知晓大众的想法并予以接纳。进行文化普及，始终要有服务意识。

李兆基人文学苑在未名湖附近，四周一簇簇花木郁郁葱葱，俨然是一方安静的天地。在这里，人文学科的老师们阅读、思考、探索，在书籍中继往圣之绝学，并澈见千古之心。

李彦，北京大学化学与分子工程学院博雅特聘教授，主要从事碳纳米管的合成、分离、组装、表征和应用的研究。

李彦

从纸页间，读到大地上

文／唐儒雅

读书的妙处就在这儿吧，在自己有限的时间里，经历着许多不同的人生。

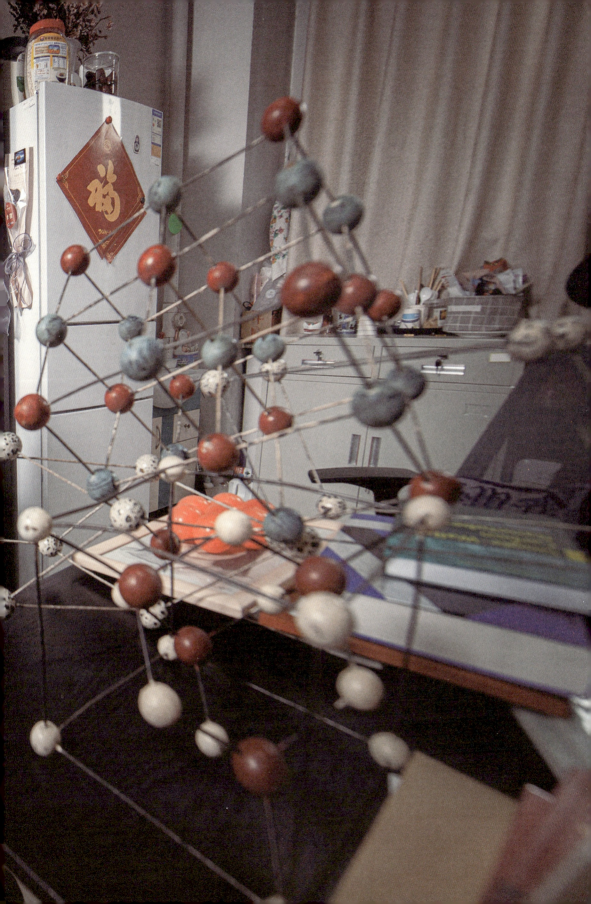

走进李彦老师的书房,映入眼帘的便是通天的书架。书籍林立其上,从基础的化学原理到前沿的科研成果,从经典的化学实验到创新的科学发现,原子与分子共舞,老先生们的奠基之作与跨学科的"闲书"构筑起这片奇妙乐园。书架顶上,堆满烙下时光痕迹的教具,相框中装下跨越五湖四海的足迹,微观世界与宏观宇宙,在这里交汇。

这位曾被北大学生评为十佳教师的北京大学化学与分子工程学院教授的"藏书",还远不止于此。实验室里的瓶瓶罐罐,揭开物质的本源面貌,凝结成她眼中的化学之美,而生活中的点点滴滴,又牵引她在与身边、与世界的每一次对话中,解读着生活之真。题字、照片、画像、奖章奖杯……一一铭刻着这位"旅行者"的脚步,从求学少女到走上讲坛为人引路,科研、教学、学生工作、实验室组建……一点点累积起李彦老师的经历,丰满而充实。纸页与物件间,是大地的辽阔;字里行间,是化学为生活添上的温度。

在这里,收纳了一整个宇宙,无限的可能,正在展开。

书页,翻开学术旅程

书架之上,排布着李彦学术之旅的片段,一本本,一帧帧,从先辈,到后人,所读的书目不同,学术精神却始终不变。一代代学者的传承,在李老师心间荡起不息的浪花,引导她走出自己的学术之路。

"我这个书架确实是什么都有。"李彦老师半开玩笑着说道。在这方寸之间,有实用的教学参考书、科研资料、专业工具书,还有好些有意思的闲书,或是上课、研究之用,或是为纪念所编、为友人相赠，每一本书，都承载着特别的情感，把整个书架填充得满满当当。书本的前边，零零散散地放着许多小物件，将不同阶段的故事写入其间；书架顶上，则被一件件灵巧清晰的结构模型占据，一处处褪色，印刻着岁月的脚步。

时间穿梭而过，李彦的漫漫科研路，掩入这座书架，沿着书页溯源，开篇是老先生们遗留下的风骨。《润物细无声——徐光宪教授八秩华诞志庆集》静静躺在书房的一角，却不曾被李老师所忘记。作为"国家最高科学技术奖"的获得者，这位"中国稀土之父"却始终如一地平和亲切，"我的第一篇英文文章就是徐先生亲手帮我改的"，李彦老师满怀感激地回忆道，先生的严谨治学和对学生的深切关怀，如同春风化雨，潜移默化间深深影响着李彦，乃至那一代的无机化学研究者。在 2001 年徐光宪 80 周岁之时，这本记载着先生厚重生平、学术贡献、学子留言的纪念图书编著出版。"无论是做学问还是做人，徐先生对我们的影响都特别大，我打算找机会把有先生修改印记的文稿捐赠给档案馆。"前辈师者的身体力行化作书页铅字，叮嘱着李彦做好一名教学出彩、师德出众、满载情怀的北大师者。

榜样式的学术引领，一路贯穿着李彦的学术成长，给予她汩汩勇气与力量。李彦老师捧起一本大部头介绍道："这是我去看望老先生们的时候，张启运教授送给我的，先生知道我所研究的纳米管催化剂需要用到可靠的相图数据，就直接送了我一本。"沉甸甸的专著，承载着先生厚重的学术涵养，极大地便利了后辈研究者的查阅。八百多页，一千五百多张相图，从 2014 年到 2022 年，年逾八十的张教授用整整八年的时间，各处翻阅文献，逐个校正偏差，一点点自己学着使用计算机，一张张亲自完成绘制，在年已九旬之时，终得编纂而成。面对这份老先生的心血结晶，李彦老师不住地赞叹着"太厉害了"；在一本本专业著作超凡的学术价值背后,凝聚着对知识的坚定执着和对学术的不懈追求。

书架上还有一排特别的专业书籍,码得整整齐齐,它们都属于生物领域,见证着李彦老师科研道路上的探索。"这些书也很有意思,都是我当初打算转向纳米生物学研究所做的尝试,"她回忆道,"因为没有系统性地接受过生物学训练,就只好搬回这么多大部头来啃。"纵使最后并没有转而研究纳米生物学,但这些书给予了李彦对这一新学科最真实的触感,并进一步扩充了跨学科研究的积淀。"可以说,科学方面的书,我还是读了不少了。"从物质材料到神经生物学,李彦找到了自己所热爱的方向,由此下定决心,专注于化学研究,同时与物理学院、信息科学技术学院等老

侃侃而谈的李彦老师

书架上的摆件

师交叉合作，因为"科学研究需要交叉，需要不断吸收新知"。

如今，李彦老师的阅读延续着先辈们的足迹，又在纵深化学中拓宽着阅读的边界，但早已不再局限于书架上的书籍，而是紧跟学术前沿，保持研究敏锐性，获取最先进的信息动态。"我年轻的时候，要论看文献，我肯定是化学与分子工程学院青年里比较多的。"那时候的李彦，每天六七点起床后，就会像看晨间新闻一样开始读最新的文献，久而久之成了习惯。从期刊发表到学术报告，丰沛的电子资源充实着李彦学术的灵感，多年来收集的书籍又为她准确化核查打下了扎实的基础……这番下大功夫的广博阅读，让李彦收到了圆满的果实。

在她的书架上，有这样一张照片，实验室中的李彦手持纳米管，笑容满面地向学生展示着，这是 2014 年新闻联播报道中的一幕。那时候，李老师团队在纳米管结构可控合成中取得突破性进展，不仅在《自然》等顶级期刊上发表了论文，而且还荣获了国家自然科学二等奖。谢晓亮老师的贺信、东京大学工学院的聘书、自然科学奖的证书、全国三八红旗手的奖章……数不胜数的荣誉，背后是李彦潜心阅读、研究的岁月，也是对李彦学术上一步步稳扎稳打的最好肯定。

对李彦而言，书架里的藏书尚不完整，在家、在办公室，还有许许多多的图书，构筑起科研路上的阶梯。为学而读，读出老先生们的指引，读出其他学科的印记，读出自身不断更新的知识体系。

书如人生，由繁入简

在李彦的书房里，每本书都是时间的见证。时光在她喜欢的文字上留下印记，从文艺到理性，从抒情到学术，由繁入简的智慧，伴着人生的足迹，在李彦的书架中一一展开。

小时候的李彦便与书结下了不解之缘。每周父亲从县图书馆借回的一摞书，成了她最期待的礼物。"我迫不及待地读完，这样下一周爸爸带回新书，我也就可以接着看了。"在那个稚嫩的年纪，书籍成了她最宝贵的财富；上小学时，就已经将县图书馆中少儿专区的书籍读了个遍。那时的李彦年纪虽小，却每日与书香为伴，读过的书已然在心中留下深刻的印象。李彦老师回忆起自己如痴如醉地读过的《林海雪原》，书中小白鸽给少剑波送信时，将信件折成鸽子模样的情节深深地影响着她，"30岁之前，我也总喜欢把写好的信叠成小鸽子的样子"。李彦老师打趣的话语中，充满对书籍深深的情感。

到了中学时期，李彦对书籍逐渐有了更加浓厚的感情，也形成了自己的阅读偏好。平日里空闲的时间，她就会把自己泡在图书馆中，那里有读不尽的书。琼瑶、张贤亮、贾平凹、毕淑敏、池莉、舒婷、海子……当年畅销的小说与诗集，都一一印刻在李

李彦在书房中

彦的记忆中,又流淌于她的笔下,写成一篇篇唯美诗意的散文。在这段青葱岁月里,她深深沉浸在文学的海洋中,透过作家笔下的文字感悟生活,又将其中的浪漫与梦想,化作青春的向往与动力。李彦对文艺深情的热爱也没有被辜负。16岁那年,凭借一首舒婷的《祖国啊,我亲爱的祖国》,她在国庆诗歌朗诵比赛中抱奖而归。

到了大学时期,图书馆又一次成了李彦的第二个家。然而,这一时期用功学习的她,一头扎入化学的世界,阅读逐渐从文学转向理科研究。那时的李彦,对知识的渴望、对真理的追求,点燃了她努力的信念,抢座、预约书、查找专业数据、翻看重要文献,甚至是"专程为了一本书,前去其他城市出差"。她的文字也随之从才情横溢的散文,转变为简易直白的科学论文。

岁月流转,随着现代信息技术的发展,李彦的阅读方式也发生了变化。"所有的资料基本上都在网上。"她不再频繁地去图书馆,而是转向电子化阅读,更快捷地获取信息。但即便如此,她依然保留着对传统阅读方式的热爱。"在飞机上的时候,我就看看纸质书",那种触感,那种墨香,是电子书无法替代的。"这是一种很舒服的享受状态。"她笑着说。在飞机上,李彦常常读一本小册子——中英对照的《唐诗三百首》。这是因为,"其一是英文解读翻译得特别明白,可以很容易学懂词句中的涵义;其二,这与我们写科普、写科学论文是异曲同工的,也就是剥去修饰的成分,抛去华丽的辞藻,用最为简练直白的语言作出最为清晰严谨的表达"。唐诗的深邃、译文的平实,让李彦在重温古典文学的同时,也体会到语言的简洁之美,一如不同阶段的她所感受到的生活之美。

在漫漫的阅读之旅中,李彦总结出一套自己的阅读方法。不同的书籍有不同的读法。她解释说,对于理科书籍的阅读方法,注重的是实用性和系统性。像是手册书,她强调借助目录查阅的重要性,通过目录定位到所需内容,再进行重点阅读;对于丛书,李彦则更倾向于整体把握,通过目录了解全书内容,再根据需要选择性阅读特定的章节。倘若是教材,则需要循序渐进,全面掌握,打下扎实的基础。至于通俗一点的科普类书籍,李彦的阅读方法则更为灵活,可以选择性地跳读,也会在感兴趣的部分停留下来,仔细地多读几遍。由是,李彦得以深刻理解书中所述,乃至加以灵活地运用。

  李彦老师的阅读之路,从文学到理科,从感性到理性,从繁杂到简约,从多彩到纯粹,从纸质书到电子书,阅读所指在变,但对知识的渴求从未改变。"年轻时看过很多池莉的文字,在琐碎而真实的描写中,透出深刻的哲理,由此体味到一些人生的滋味。"在书页间,各个年代、各式人物、各样生活一一浮现,读着读着,心胸与思想悠然开阔,从而得以平常心对待科研中的起起落落,坦荡面对生活中无数的可能,"读书的妙处就在这儿吧,在自己有限的时间里,经历着许多不同的人生,虽然和切身经历尚且有差距,但毕竟也是对不同生活的一番了解"。而到了后来,李彦突然意识到,书中的感悟都在自己的人生中有着照应;有了更多人生阅历的她,也更喜欢直接去触碰生活,攥住独属于自己的丰沛感受;她相信,文学书籍中的人生哲理,可以在往后余生中一点点去体会。

  文学人生,由繁入简,每一本书都见证着她的人生轨迹,每一页纸都记录下她的成长蜕变。

从读到教,书在生活中

  从阅读到教学,从书本到生活,再从生活回归书本,带到课堂上,用心去读、去教、去传递,李彦用书籍搭建起知识的桥梁,将智慧的种子播撒在每一名学生的心田,书香由此永存。

  在李彦老师的书架上,有一排中英文教学参考书,码得整整齐齐,"基本上都是我教学用的参考书",见证了她在三尺讲台上的辛勤耕耘。在李彦心中,教课是一件很有挑战也很有意思的事情,为了做好这件事,她从五湖四海广泛搜罗专业书籍和学术研

李彦使用的各种教具和她亲手制作的模型

究成果,由是成为教学备课的宝贵资源,在传授知识的同时也成了与学生心灵交流的桥梁。从读到教,书的角色在转变,但其重要性始终如一。

李彦教学的故事,要从 20 世纪末说起,那时的她方才完成年级主任的工作，之后赴美深造，但她心中始终牵挂着三尺讲台，很希望能为化学与分子工程学院的本科生讲授"普通化学"这门专业基础课，所以在国外收集了众多相关的教学资料。回国后不久，由于教学队伍后备力量短缺，主讲"普通化学"的机会恰好摆在了李彦面前。彼时，面对同事们对于她科研事业精力的担忧，虽然预先没有准备，怀着对教学的满腔热忱，李彦还是毅然接过了这门课，只因为"就是喜欢当老师，就是想上课"。作为大学一年级学生最先接触的专业核心课程，这门课的重要性不言而喻，它不仅是学生大学生涯的起点、为后续进阶课程学习夯实基础的关键，更是李彦教学生涯的新篇章，是她授课心愿的梦圆回音。

面对这一挑战，李彦老师开始了通宵达旦的备课。为了寻找合适的教材，她整日骑着自行车穿梭在图书馆与家之间，一摞摞沉重的铜版纸书压弯了车筐，却压不垮她的决心。就这样，国内外的教材几乎都被李彦一网打尽，又在一次次真实的课堂实践中，根据教学节奏不断扩充授课内容。李彦深知"课比天大"，要想教好这门课，需要的不仅是书本上的知识，更需要生活的积淀和实践的智慧，她从平日里的科研工作中取材，以此告诉刚刚迈入化学大门的本科生们，"即使是从基础课程中习得的知识，也可以大有用处"。生活，同样也是一片给予她备课素材的沃土，"我时时刻刻都在准备"。每当在学术报告会上听到合适的例子，或在电影、书本、聊天中有所启发，李彦都会马上记下来，在下一次授课中换上，"哪怕是在街上看到的小小广告牌，都可能出现在我的课上"。无时无刻不在积累，成就了李彦每年都在创新的授课素材。

李彦曾参与编写"普通化学"的第三版教材，在原来仅有原理部分的基础上，聚焦自己所研究的纳米材料，补充上元素性质的内容。通过图书，李彦将硬知识倾囊相授，更是将对化学的理解与热爱传递给每一位读者。有意思的是，书的流动不仅在于教材，更是以课程小礼品的形式出现。为了鼓励未曾尝试过化学竞赛的本科生，李彦特别在这门基础课上设立"最佳进步奖"，三次测试中进步最大的同学，可以获赠校长签字、李彦参与编著的《材料化学》一书，书页中所蕴的精神鼓励，深深感染着每一位学子。

在现今转向多媒体、智能化教学的时代，李彦老师或许可以算是最后一批使用实体教具的老师，这也构成她教学的一大特色。"这些教具，可都是有历史的。"从五六十年代流传下来的实体教具，到自己亲手制作的模型，每一件都承载着历史的厚重和对教学的探索与实践。"这是单斜晶体的晶胞，是用来讲解晶体结构的。""那个是氯化钠的晶体结构，红球和白球都可以代表氯，也可以代表钠。""这个是我自己用海洋球粘出来的六方最密堆积，还只是一层，在课上我会把很多层堆起来，展示给学生看。""那个是硫化锌的晶体结构，有的在顶点，有的在面心上，就叫面心立方，变一变就是金刚石的结构了。""这些木球是用来讲解原子的堆积的，上面不沉，下面的黑球特别沉。"李彦兴致勃勃地介绍着书架上方袋中的"宝物"，还专门用一间屋子来放置。这些具象、立体的模型，传递着知识的温度，让晶体结构中的立体几何更为生动，让化学中的数学更易理解，也正是它们影响着好几代的北大人。

这门课，李彦老师一讲就是二十多年，如今依旧坚守在教学一线。她上课从来不会迟到，一以贯之地将生活中的点滴融入教学中，将读过的书有条理地综合起来，讲给越来越多的学生听，她的课好评如潮。对时间的尊重，对教学的执着，收到了很好的结果，在 2008 年和 2013 年李彦分别获得"北京大学十佳教师"和"北京市高等学校教学名师"的荣誉。

与学生，予学生

李彦老师的书房，不仅是书的海洋，更环绕着师生情深的暖流。书香与师生情交织，留下一段段时光与故事，编织起一幅温馨而深厚的画卷。

采访间隙，一位学生轻敲房门，带着求知的眼神询问起一本书。李彦老师热情地回答她："就在门口桌上，你拿去吧。"就在当天早上，李彦老师收到一本新书，她当即兴冲冲地将这一消息发布在课题组群里，只待有心的学生前来借阅。

李彦对学生的关怀并不局限于一本本"流动"的书籍，还有一套刊物更是永久地停驻在她的书架上。那是一套化学与分子工程学院学生们主编的刊物，名为《泼墨》，其中"化学的元素"特辑是李老师"特别想要介绍的"。正文前是李彦所写的序言，记述了刊物创办过程中师生的共同记忆。2005 年，学生们自发组织，在未名 BBS 上通过诗歌、戏剧、小说等方式按顺序介绍化学元素。这点燃了全校师生的兴致，登录 BBS 看这个系列成了北大人每天的日常。还有许多其他院系的师生也自发地参与创作，空前的热情让这个系列连续七十多天霸榜 BBS 十大热门话题。后来，李彦与学生们一起将这一系列汇编成册，这样一本学生刊物被李彦珍藏至今，甚至当作"宝贝"，在书架上见证着她与学生们相伴前行的岁月。

"我也会经常给学生推荐书。"李彦笑眯眯地说。倘若读到有所启发的文字，她会迫不及待地在课堂上与学生分享。1883 年美国物理学会第一任会长亨利·奥古斯特·罗兰的演讲"为纯科学而呼吁"，是她一定会在课上与学生一同探讨的文章。其中所讲述的应用科学与纯科学的关系、纯科学对社会发展的重要性，在一年年与学生的共读中常读常新。李彦也时常推荐化学专业以外的书，期待着学生们能够从书中获得启发，拓宽知识面。对于想继续从事科研工作的同学，她同样倾囊相授，不仅引导学生们阅读《如何做研究》一类的书籍了解科研路径，更是结合科研前沿进展对学生们提出中肯的前瞻性建议。李彦老师笑称自己"没有能力给学生列书单"，并不给学生推荐具体的书，而是经常引导学生关注文学、哲学、历史、经济、法律等方面的"闲书"，对话不同时代的作者。在她看来，不同的书会教给读者不同的知识，不同的思想与方法。书籍由是成为李彦和学生心灵沟通的桥梁，蕴藏着她对学生成长成才的深切期望。

在李彦老师的书架上，还有一份特殊的收藏——来自世界各地的杯子。这些杯子是学生们毕业后从远方带回的心意，是他们对老师教诲的感激与回报。工作以来在教学、科研等方面都积极投入的她，与学生有着非同寻常的情感联结。每每看到这些杯子，李彦的心中便会涌起一股暖流："我教过的学生可能也有好几千人了呀。"来自五湖四海的杯子，见证着李彦老师桃李满天下，满载着她与学生间的深厚情谊。

在李彦老师的书房里，书香永存，情感永续，氤氲着一位教师对学生的深切关怀，也延绵着一位过来人对后辈成长的无限关爱。

书架里的经纬山河

书架上的书，记述着李彦丰厚的学识；书架上的相框，印证着李彦广博的人生经历。书里的插图，化作脚下的山川河海，又以照片的形式收入书房，与书页形成双重曝光。从书里读来的内容，在生活中有了具象的表达，一一收入李彦的书房。

李彦收藏的来自世界各地的杯子

书架上的摆件

　　李彦老师的书房摆放着大大小小的相框，记录着她走过的路，看过的风景，遇见的人。"这些照片都是我拍的，我喜欢在校园里转一转，随手拍一拍。虽然用的是手机，但总能在院工会摄影比赛上获奖。"谈起这些照片，李彦老师的眼里便有了光。她总能从身边寻常的景致中，发现别样的美。从北大校园的牡丹，到未名湖北岸的蜡梅，从欧洲车站团聚的温情一幕，到"北大教授茶座"上的学生画作，她用心观察着世界，又用镜头捕捉着瞬间，将每一张照片背后难忘的故事，印刻成相框里的永恒。

故事的经线，将历史与现实相连。李彦去过很多国家，留下了许多照片，她尤其喜欢打卡著名科学家的实验室，每到一个新的地方，探访重要的科学成就原址一定是日程表上的必选项。在李彦心中，20世纪初到30年代是整个科学技术蓬勃发展的时代，涌现出一批卓越的科学家。她在课堂上讲述与原子相关知识的时候，总会提到著名的索尔维会议，展示遍布诺贝尔奖得主的合影。这些熟悉的名字牵引着她去往实地，身临其境地阅读这一段历史。"2019年我前往德国维尔茨堡开会，便专门跑到伦琴纪念馆。当时馆内只有我一人，我也就仔仔细细地饱了一番眼福。"为了给薛定谔方程的教学添上几分趣味，李彦专门跑到奥地利的维也纳大学，将图书馆前薛定谔的塑像拍了下来。德国卡尔斯鲁厄理工学院里合成氨的第一个反应器、印度拉曼研究所的第一台拉曼光谱仪、波兰华沙的居里夫人故居与纪念馆……李彦用脚步丈量世界，用眼睛阅读历史发生地，让自然所见与书中所读一同刻在人生旅途的坐标上。

故事的纬线，贯穿了几辈青年的学与思。通过"北大教授茶座"，李彦老师与学生们分享人生的阅历与见闻；学生画像里的她，满面笑容，温柔且亲切，就像知心大姐姐一般。她会在名为"选择与初心"的讲座中，激发学生们对科学的热情；又在"如何过好你自己的人生"的探讨中，将对生活的热爱传递给每一位学生。她也会与学生分享自己看过的影视作品，像电影《流浪地球2》里的太空电梯和电视剧《三体》里的飞刃，所用的材料都是李彦研究的碳纳米管，这些也成为她上课时鲜活的素材。电影《奥本海默》带来的震撼让她忍不住叫上学生一起看，在艺术中感受科学的魅力,由此引申出一条且行且思、向真向善的人生之路。

李彦老师相信,读书是生活中不可或缺的一部分。在不同的阶段,她一直在读着,"以不同的方式读不同的内容"。从书页到生活,从眼前的屏幕到脚下的大地,她将所见所感的全部经纬放入书架,与整个世界对话。

李彦的方寸书房,是一片通达的天地,山川在这里展开;连接起理论与现实,经纬于此处纵横;历史与未来和鸣,从化学出发,通向整个世界。

编后记

"北大学者书房"是北京大学党委宣传部从2020年开始策划并组织实施的系列报道,其中很多篇章得到了受访者和读者的高度认可,不仅图片精美、文字隽永,还有很大的信息量,值得反复阅读并收藏。在北京大学出版社的支持下,我们正在陆续结集出版。现在呈现在诸位面前的是第二辑。

本辑中,章永乐老师谈道:"书房是人格的一个对外投射,或者说一个放大。"这正是我们下很大功夫来记录、刻画、描述、宣传书房的原因,透过特定的物理空间,展现北大学者的人格操守与精神魅力,给年轻人以熏陶和指引。

什么是学者?这里抄费希特的一段话:

> 学者的使命主要是为社会服务,因为他是学者,所以他比任何一个阶层都更能真正通过社会而存在,为社会而存在。因此,学者特别担负着这样一个职责:优先地、充分地发展他本身的社会才能、敏感性和传授技能。如果学者已经理所当然地获得了必要的经验知识,那他就会具有特别发达的敏感性。他应当熟悉自己的学科中那些在他之先已经有的知识。要学到这方面的知识,他只能通过传授——不管是口头传授,还是书面传授;但只凭纯粹理性根据去思考,他就不可能发展这些知识。他应当不断研究新东西,从而保持这种敏感性,并且要尽力防止那种对别人的意见和叙述方法完全闭塞的倾向,

这种倾向是经常出现的，有时还出现在卓越的独立思想家那里。之所以要尽力防止这种倾向，是因为谁也不会有这样高的学问，以至他总是不需要再学习新东西，不需要有时研究某种非常必需的东西；而且也很少有人会这样无知，以至他不能向学者传授一点后者所不知道的东西。传授技能总是学者所必须具备的，因为他掌握知识不是为了自己，而是为了社会。从少年时代起他就应当训练这种技能，总是保持这种技能的作用。

这段话出自《论学者的使命 人的使命》，是梁志学先生翻译的。我上大三的时候，北大国关学院请梁先生来做讲座，许振洲老师命我去东总布胡同接梁先生，从那次有幸认识起，十多年间，先生与我有了一些交往。有时候是通信，有时候是打电话，还有两次梁先生召集门生聚会下馆子，也让我参加。他给我讲过好多往事，除了北大的往事，还有他山西定襄县老家的往事。我永远难忘梁先生的正直、耿介、幽默、豁达。他是最纯粹的学者，是最出色的北大毕业生，更是一位真正的共产党员，是一个脱离了低级趣味的高尚的人。后来，梁先生、沈先生去住养老院了，我们联系就很少了。直到后来在网上猛然看到他痛斥某骗子的文章，我竟感动得流泪。这世上，毕竟还有学者的傲骨在，毕竟天地之间还有正气在！梁先生写的书、译的书会长存，他的精神会长存，暮年那"击鼓骂曹"的痛快淋漓之举，应被史书记录下来。

今天，知识、技能、信息的生产和传播方式都发生了很大的变化。读书当然还是获得知识、技能、信息的一种办法，但可能已不是主要的办法。读书这件事,越来越失去了工具性,而更多的是一种精神上的享受,或者说追求。从读书得来的知识,往往很有意思,但在实际生活中却并没多大作用,管用的知识来自人情练达、世事洞明。俞平伯在讲读书的意义时就说,读书"于扩充知识以外兼可涵咏性情,修持道德,原不仅为功名富贵做敲门砖。即为功名富贵,依目下的情形,似乎不必定要读书,更无须借光圣经贤传,甚至于愈读书会愈穷"。所以,读书的目的,不是为了功名富贵,书中没有黄金屋,而是要养成独立、完全的人格,形成"以自由、公平、冷静、克制和智慧为特征的终生思维习惯"。

学者的使命,和费希特所规定的相比,或也有了一些不同。学者不一定再有"特别发达的敏感性",也不一定能够优先地、充分地完善和表达自己。学者对社会物质生活的影响力下降了,但却依然应该引领着我们的精神生活。对我们普通人来说,就是要通过读书,找到那些能让精神世界变得丰富的学者。

本书中受访的每一位北大学者,都在讲他们和那些改变了人类历史的"大书"之间的故事,读这些大书,改变人的气质、性格,会影响人生;都在介绍他们写过或正在写的书,这些书是北大贡献于时代的思想的结晶,是学者点燃的火炬。

转眼之间,到北大党委宣传部工作已经整整四个年头。四年来,与"北大学者书房"系列同时展开的,其实还有"燕归来"和"身边的光"两个系列——前一个系列,采访北大的中青年海归学人,写他们的家国情怀与学术追求,从比例上看,这里面理工医科的学人要更多一些;后一个系列,对北大的普通劳动者,比如修车师傅、食堂大厨、保安员、保洁员进行浓墨重彩的报道,因为在这校园里，劳动光荣，人人平等，每一位真诚的劳动者都应该受到尊重和爱护。这三个系列，主角的身份不太一样，但都是大写的"人"，讲的都是以人为本、兼容并包、有情有义的故事，倡导的都是人格独立、思想解放的人文主义。希望在我们的笔下和镜头里，每个人都是"自主的而非奴隶的，进步的而非保守的，进取的而非退隐的，世界的而非锁国的，实利的而非虚文的，科学的而非想象的"！

任羽中

2024年6月6日

图书在版编目（CIP）数据

第一等好事：北大学者书房 / 北京大学党委宣传部编；任羽中主编. -- 北京：北京大学出版社，2025.3. -- ISBN 978-7-301-35839-9

Ⅰ. G252.17-64

中国国家版本馆 CIP 数据核字第 2024J37U39 号

书　　名	第一等好事：北大学者书房 DIYIDENG HAOSHI：BEIDA XUEZHE SHUFANG
著作责任者	北京大学党委宣传部 编　任羽中 主编
责任编辑	于海冰
标准书号	ISBN 978-7-301-35839-9
出版发行	北京大学出版社
地　　址	北京市海淀区成府路 205 号　100871
网　　址	http：//www.pup.cn　　新浪微博：@北京大学出版社　@阅读培文
电子邮箱	编辑部 pkupw@pup.cn　总编室 zpup@pup.cn
电　　话	邮购部 010-62752015　发行部 010-62750672　编辑部 010-62750883
印 刷 者	天津联城印刷有限公司
经 销 者	新华书店 880 毫米 ×1230 毫米　16 开本　17.5 印张　210 千字 2025 年 3 月第 1 版　2025 年 3 月第 1 次印刷
定　　价	128.00 元（精装）

未经许可，不得以任何方式复制或抄袭本书之部分或全部内容。

版权所有，侵权必究

举报电话：010-62752024　电子邮箱：fd@pup.cn

图书如有印装质量问题，请与出版部联系，电话：010-62756370